昨夜星光燦爛（上）

民國影壇的28位巨星

張偉 主編

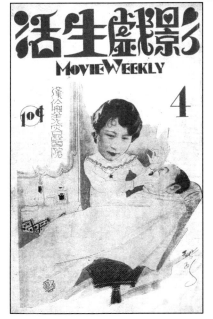

王漢倫

楊耐梅

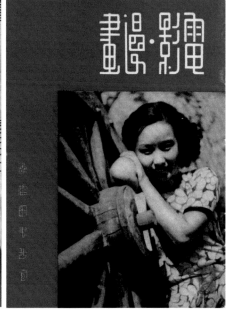

陳波兒

胡蝶

徐來

阮玲玉

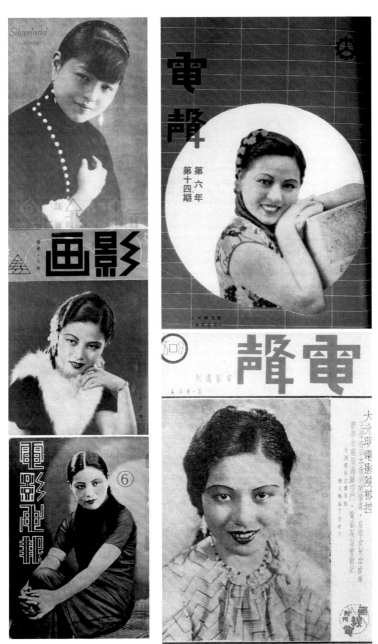

陳玉梅

金　焰

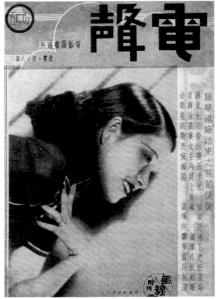

李綺年

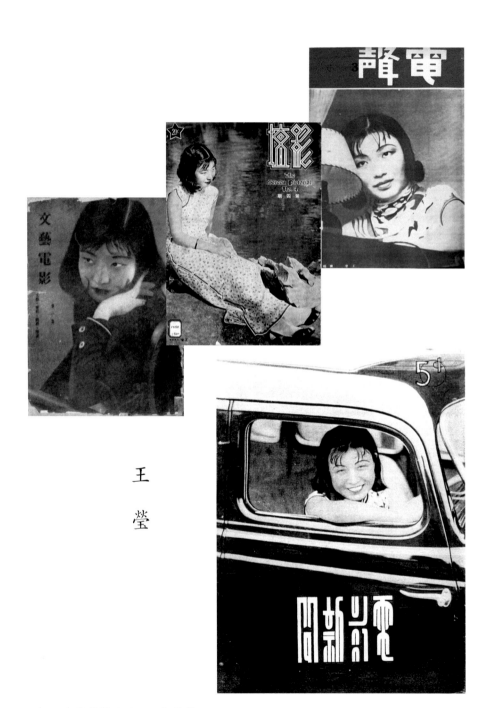

王
瑩

葉秋心

王人美

趙 丹

談　瑛

序 民國影壇28巨星

傳播學大師施拉姆曾說：每一項傳播手段的發明都是人類智慧了不起的成就。1825年，法國人涅普斯發明了攝影術，從此，人類可以透過一種載體永久地封存回憶，留住任何一個人們希望留住的特定瞬間。但是，慢慢地人類又不滿足於此了，他們發現，攝影只能留住靜止的場面，而現實生活卻充滿了動感，他們渴望那些靜止場面靈動起來。於是，經過幾十年孜孜不倦的努力，神奇的電影終於誕生了：1895年12月28日，法國盧米埃爾兄弟拍攝的幾部短片在巴黎卡普辛大街14號咖啡館的印度沙龍內公開售票放映，從此，「工廠放工」、「火車進站」等一些人們生活中的尋常場面，成了世界電影史上最初的經典鏡頭。

在盧米埃爾兄弟發明電影僅僅半年之後，亞洲的一些主要國家都先後出現了電影放映商們的足跡，其中，印度是1896年7月，日本則要到1897年才有電影放映，而中國是電影最早進入的亞洲大國。根據現有的史料可以確認：1896年6月29日，上海著名的私人園林——徐園率先放映了「西方影戲」，這是電影在中國的首次登陸。被譽為西方文明之花的電影，選擇上海這座東方大

都市首先綻放，這絕非偶然。自明清以來，上海就以其優越的地理位置，成為世所習稱的「江海通津，東南都會」，1843年開埠以後，更逐漸取代了廣州的地位，成為全國的經濟和文化中心。由於上海在學術資訊、西學人才、出版發行以及人口數量、消費能力等等方面都具有其他城市無法比擬的優勢，故很快又成為輸入西方文化的視窗，近代西方的物質文明和精神文明大半率先由上海引進傳播，從聲光化電到天演群學，上海都領風氣之先。具有鮮明時代特徵和濃郁海派風格的中國近代文化在通向太平洋的黃浦江畔開花結果，在「火樹銀花，城開不夜」的十里洋場發榮孳長。正是在這樣的背景下，電影，這個時代驕子選擇上海生根發展，可謂適逢其地，理所當然。

上海是當年中國電影的大本營，無論是生產能力的強大還是硬體設備的完善，或者是消費市場的龐大以及衍生產品的豐富，上海都無愧於中國乃至亞洲第一的榮譽。當時神州大地上的一百多家電影公司，百分之八十活躍在上海，「明星」、「天一」、「聯華」等著名大公司，無一例外都將總部設在上海；「大光明」、「南京」、「大上海」、「美琪」等影院，其規模之大和豪華程度在整個亞洲都堪稱第一，而且上海當時已經建立起了類似今天院線的完善的放映系統；美國米高梅、派拉蒙、雷電華等八大電影公司，在上世紀三十年代初已經分別在上海設立了辦事處，最高峰時，每年在上海放映的好萊塢影片超過四百部，一些大片的公映時間幾乎和美國達到同步；今天大家熟悉的譯製外片的方法，當年在上海都已經作過嘗試；二十世紀前期在上海出版發行的電影報刊，其數量達到了令人驚訝的近三百種。這種種一切都證明：電影選擇了上海，給予了上海以榮譽；而上海也

盡情回報，使電影這朵文明之花綻放得如此絢爛，充滿魅力！

　　如果把電影業比作一個龐大的天體，那麼毫無疑問，其中最引人矚目的就是第一線的演員，他們是最最耀眼的星辰。儘管早在1905年，北京的任景豐請來京劇名角譚鑫培拍攝了京劇《定軍山》的片段，開始了中國人拍攝電影的最初嘗試；但中國電影的真正起步，實際上是在民國建立以後，大本營是在上海。中國的第一部故事片《難夫難妻》就是於民國二年（1913年）在上海拍攝完成的。在那以後，電影人以上海為基地，拍攝了一系列故事短片，演員都是當時演新劇出身的藝人，表演亦未脫文明戲的俗套，很少電影特色。中國電影在走過蹣跚學步的萌芽階段以後，在1923年前後，以明星影片公司《孤兒救祖記》的成功為標誌，進入了一個興旺和繁榮的時期。這個時期的一個很大特點就是湧現了一批能真正稱之為電影明星的演員。他們既有較高的文化水平，又有演技，年輕有為，朝氣蓬勃，社會地位已有顯著提高，並擁有了一批熱情的影迷。「銀壇霸主」王元龍、「銀幕情人」朱飛、「第一反派」王獻齋、「俠客英雄」張慧沖、「新型小生」龔稼農等成為男明星中的出色代表；女明星則更是群星璀璨，殷明珠之青春美麗、王漢倫之端莊賢慧、楊耐梅之風流妖冶、黎明暉之嬌嗔活潑，代表了當時女明星中的基本類型。其他還有張織雲、丁子明、宣景琳等，都是女明星中的傑出代表。這些演員和編導、攝影、美工等電影工作者一起組成了一支整齊的電影隊伍，共同孜孜探索和不斷實踐，終於使電影開始獨立於中國藝術之林。

　　胡蝶和阮玲玉是20年代末至30年代中期影壇兩顆最為耀眼的明星。她們的表演真實、細膩、樸素、自然，飾演的角色不僅形似，更

求神似。如果說她們早期的表演還有程式化的套路，那麼進入30年代以後，她們的演技已日趨嫻熟，拍片時能將角色的心理活動恰如其分地表現出來，沒有過火的表演，很少斧鑿的痕跡。她們在銀幕上塑造的各種類型的婦女形象，有不少已成為中國電影人物長廊上的典型人物；她們拍攝的《姊妹花》、《神女》等影片，已成為30年代影壇最為出色的經典之作，她們獲得的榮譽已無聲地將電影演員的社會地位提高到了一個空前的高度。以她們為代表的電影明星成為對都市時尚感知最早的人群，她們的一顰一笑、舉手投足，無一不在聚光燈下被成倍放大，感染著純情的少年和癡迷的觀眾。正是從她們開始，電影明星成為了無數年輕人夢寐以求的職業，而不再是任人玩弄、供人驅使的「戲子」。和她們幾乎同時或稍後一些，影壇湧現了一大批傑出的電影明星，金焰、趙丹、王人美、周璇、白楊、陶金等等響亮的名字，是和《大路》、《漁光曲》、《馬路天使》、《一江春水向東流》、《烏鴉與麻雀》等等經典名片緊緊聯繫在一起的。那個時代正是中國電影從幼稚走向成熟，從平庸走向輝煌的時期，以他們為代表的電影人以自己的熱情、真誠、勇氣和忘我工作，共同譜寫出了中國電影史上光輝燦爛的一幕，同時也寫下了他們人生最精彩的一筆。

細心的讀者也許會發現，本書所收入的封面明星絕大多數都是女性，男明星僅有兩位：金焰和趙丹。這種令人詫異的性別比例，既是當年眾多影刊的現實景象，也和當時女明星對社會的影響力有關。中國傳統女性是被深深禁錮在家庭閨閣裏的，晚清民初，中國女性的生活和形象發生了鮮明而巨大的變化。尤其在都市，女性被推上社會生活的前沿舞臺，都市的公共空間裏頻頻活躍著她們的身影，都市女性

成為了引領時代風尚的代表。她們的服飾髮式，其變遷敏感地透露出時代變革的訊息。電影作為一種新的藝術與娛樂樣式，不僅滿足了人們的新奇感，它還是一種宣傳時尚生活的最有力工具，各種各樣的服裝、髮式、居住環境、消費場所和社會意識，都可以通過電影宣示於眾。美國哈佛大學教授李歐梵先生研究了三十年代上海的摩登社會，他特別關注電影明星在其中所起的推波助瀾的作用，他發現在這方面，「封面女郎」是一般不可忽視的力量：「這些封面照並沒有——或者說除了——在一個父系社會裏成為男性的關照物，它們也幫助設計中國女性的新形象——擁有新品質的『現代』女性將不再羞於當眾展示她的性格……它為流行的觀眾口味和欣賞習慣做了鋪墊。」（李歐梵《上海摩登——一種新都市文化在中國1930——1945》，毛尖譯，北京大學出版社2001年12月）循此思路，如果我們掃描一下民國期間出版的3百多種上萬期電影雜誌的封面，就完全能充分感受到誰是當年最紅最亮的影星，很少有哪一家電影刊物會浪費寶貴的封面資源去登載一位過氣明星，看看這些封面，我們就能明瞭當時社會的審美取向。本書正是以此作為切入口，全面剖析民國期間最受歡迎的28位明星的從影歷程和人生軌跡。在寫作過程中，我們查閱了大量當年的出版物，也參考了最近出版的學術成果，力求以較新的視角、豐富的史料和平和的心態去展示這些當年風雲人物的星途，希望廣大讀者能夠喜歡，也對專業研究人員有所幫助。是為序。

張偉

2006年12月18日 午於上圖1217室

目錄

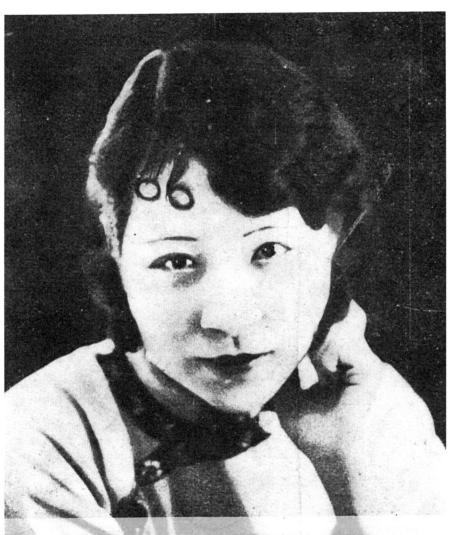

王漢倫

用老虎的姓做新女子

1926年的王漢倫

　　國產電影起步階段，拍電影被「正統」人家視為末流，而王漢倫卻敢於與無恩義的家庭決裂，投身影界並成為最早的默片大明星。此前，她曾與無情誼的丈夫決裂，踏上社會做一個自尊自強的職業女性。這些摩登身份之外，她還曾自組電影公司，息影後又別開生面地開創美容院事業。她是影星裏唯一的小腳，然而她的腳步比誰都要勇敢，在那個新舊交替的時代，讓我們看到了女子「新角色」。

改名換姓　拋夫別家

　　「王漢倫」是個有些洋氣與摩登的名字，她的本名卻是另一種風味，儒雅透著古意。她生於1903年，原名彭琴士，字劍青，原籍蘇州葑門，出身大戶人家，彭府早先還出過狀元。劍青的父親歷任安徽招商局、製造局督辦，雖至父親一輩，彭府已漸衰落，但家境尚可。劍青在來上海後進聖瑪麗女校讀

書，接受西洋教育，通英文，愛音樂。劍青自幼喜靜，可以幾天一個人坐在屋裏不説話，寄宿聖瑪麗女校，也絕少交際——如果命運不與她開玩笑，也許她就是一個嫻靜冷僻與世無爭的大家閨秀。

未及畢業，父親病故，簡單純粹的校園生活應聲而止。兄嫂不讓劍青繼續念書，將16歲的她許配給一位姓張的遼寧本溪煤礦督辦。本來是大門不出二門不邁的小姐，突然間遠離親人與故土，劍青遠嫁東北奉天。婚後生活彷彿困於金絲鳥籠，看似光鮮，實則失卻自由。這位張督辦所在的煤礦是中日合辦的，不久劍青發現丈夫與日本女子廝混，她氣衝衝地上前質問，那莽漢子猶自理直氣壯：「有錢人家三房四妾是常有的事，我的事你少管。」（王漢倫〈我的從影經過〉，載中國電影出版社1984年6月《感慨話當年》）後來劍青隨丈夫一同來到上海，張做日本大昌洋行的買辦，幫日本人買市內的中國地皮，劍青勸其罷手，張置若罔聞，還動手毆打。不堪繼續受氣受辱的劍青毅然提出離婚，也不要張的賣國錢，告別了這個毫無眷戀的家。當時的社會，離婚還很新潮，而在老派人的觀念裏，這可是離經叛道。兄嫂對此事很不滿，怨恨劍青既打破了他們攀上貴戚的發財夢，又給家族名譽抹黑。劍青只能搬去一個乾媽家裏住下，離開丈夫，也不為娘家接納，她需要自己維持生活。她在虹口一所小學擔任教員，報酬很少，入不敷出。為了謀得一個收入較豐的職業，劍青去學英文打字，歷任時評洋行的助理員和萬國體育會的打字員。

也許是受了西洋學堂的影響，劍青羨慕歐美婦女能在社會上工作，不是家庭與男人的附屬品，而真正是獨立的大寫的人，當她果敢跨出離婚的一步，這一人生信條更加清晰與深刻地烙印在她心中。

「我中國舊時風俗與習慣，女子是依靠男子過活，並且往往受家庭中之痛苦，無法自解。究竟是何緣故？就因為女子不能自立。此種情形，我是極端反對的。我喜歡我們女子有自立之精神，自立兩字，就是自養。所以做女子要自立，必須謀正常職業。假使沒有正當職業，那自立二字，便成為空談。我在沒有謀自立之前，在家庭中受了許多痛苦，那時對於世事都覺得乏味。」（王漢倫〈我入影戲界之始末〉，載1925年秋《電影雜誌》第一卷第十三期）

大約過了一年光景，劍青覺得這樣的生活毫無意味。「因為每月不過賺幾個薪俸，換換衣食罷了。但是我的意思，仍想另尋一條路，做一件轟轟烈烈的事，為我們女界在名譽方面掙點光榮。後來我便想投身電影界中。我為了此事，前後大約想了兩個多月。因為中國電影事業是在將發萌芽的時候，大都以為做電影的人，很不高尚。」（王漢倫〈我入影戲界之始末〉）。

說來湊巧，劍青的鄰居孫家與明星影片公司的創辦人之一任矜蘋相識，任常去找孫家小姐玩，一日與劍青在孫家偶遇，這時張石川正為《孤兒救祖記》物色女主角。劍青到明星公司面試，順利錄取。消息傳到家裏，又掀起軒然大波。兄嫂喝罵道：「我們家裏過去都不許戲子坐高板凳，如今你去作戲子，丟盡了祖宗的臉。」（王漢倫〈我的從影經過〉）哥哥還要把劍青押回蘇州祠堂受家法懲戒。離過婚，到社會上獨立謀生，從心理和經濟上都不依靠任何人，她早已不是在聖瑪麗女校讀書時那個懵懵懂懂任人擺佈的小丫頭，劍青覺得自己與七

尺男兒無甚兩樣，一下子豪氣沖天，宣佈脫離家庭，一併改了名姓。「王」是老虎額頭上的字，取意無所畏懼，「漢倫」則是時髦的外國名字Helen的音譯。後來有一次劍青去南京，在宴會上與哥哥碰面，哥哥叫她王小姐，她則喚他彭大爺，誰也不相認。

這一年劍青剛剛20歲。影片《孤兒救祖記》將改變她的一生，讓她的理想——做一個自食其力自立自強的現代女性——得以在中國早期電影的聚光燈下燦爛實現。

默片史上第一位悲旦

在早期電影史上，明星公司是資格最老、實力最雄厚的電影大廠，1937年「八一三」以前，它一直是上海電影界的老大。而在1923年，明星公司還剛剛起步，正是《孤兒救祖記》一片揭開了「明星」的輝煌篇章。

這時的明星公司於前一年拍了四部試驗性質的片子。事實證明，張石川的拍片路子不對，三部滑稽短片根本比不過美國笑片，另一部長片《張欣生》取材轟動全埠的兇殺案，因表現殺人過程「慘無人道，不忍逼視」，遭當局禁演。發起人湊的一筆小小款子已經墊光，接下去如何是好？大家商量下來，決定試試原先被張石川否定的鄭正秋「長篇正劇」的思路，於是《孤兒救祖記》應運而生。

《孤兒救祖記》是鄭正秋據其「教化」社會的主張編寫的家庭倫理片，這正是他所擅長的題材。影片講述這樣一個故事——富翁聽信惡侄讒言，逐走懷孕的寡媳余蔚如。蔚如之子長大後恰巧在富翁辦的

王漢倫在影片《電影女明星》中飾演王慧賢（《天一特刊》第七期1926年9月10日）

學校讀書，機智勇敢地解救了遭惡侄謀害的祖父。惡侄歹念為富翁識破且受傷斃命，蔚如沉冤昭雪，祖孫相認，一家團圓。蔚如念學校之恩，將富翁交付她的財產，拿出一半興辦義學，廣收貧家子弟入校。

這個故事今天看來毫不稀奇，但在二十年代初，中國人還很少看到國產劇情長片，《孤兒救祖記》不再是胡鬧無稽隨便拼湊的笑料，在那個亦真亦幻的幕布上演出的故事、人物、場景，離生活有著可以感知的距離，透過黑白影像和無聲對白，觀眾第一次能觸摸到角色的悲喜。

拍攝《孤兒救祖記》以前，明星公司還無基本演員，除了鄭正秋、鄭鷓鴣，其餘演員都是臨時拉來幫忙的。這部影片需要四個主角，鄭鷓鴣和鄭正秋的兒子鄭小秋分飾祖孫二人，反面角色惡侄由在《滑稽大王遊華記》和《張欣生》中上過鏡的王獻齋擔任。戲份最重的女主角余蔚如叫誰扮演呢，這可十分難辦。正當張石川四處奔走張羅，任矜

蘋帶了一位小姐來試鏡，張石川從頭到腳仔細打量她，面目姣好，眉眼清秀，秋水明眸隱約透出憂鬱氣質。張石川讓她在鏡頭前做喜怒哀樂的表情，一樣樣試下來都十分滿意，當下就簽了合同：劍青每月有20元車馬費，片子拍成還有500元酬金。

就這樣，彭劍青改名王漢倫，到明星公司報到，開始了全新的人生。

以今天的眼光看，早期影片的拍攝流程實在很粗淺。「那時的『明星』還沒有攝影棚，只在鄉下空地上搭佈景，有時下起雨來，佈景就全毀了。內景戲也在露天拍攝，搭三塊牆板，放一張桌子就拍戲。燈光也沒有，只有靠日光，不夠強時，就用幾塊反光板——是用銀箔貼在板上——來打反光，有時太陽在雲裏不出來，大家就坐在小路邊等。沒地方去吃飯，都是臨時買個大餅來塞塞肚皮。化妝也在露天地裏，很多化妝品（甚至於服裝）都要演員自己兼管。攝影機呢，是手搖的。那時候，一切條件都很艱難，大家都很苦，但都有著很高的熱情，工作是有興趣的，因此也不覺得累。」（王漢倫〈我的從影經過〉）

開拍前，導演張石川召集演員，把劇情從頭到尾講一遍，每人發了一份手抄劇本，張石川對演員們說，雖然是無聲片，但臺詞照樣要背熟，不然戲作不真，對話口形和字幕說明也不一致，於是演員們各自回家去背臺詞。

從沒和電影打過交道的王漢倫有些懵，她還什麼都不懂呢。張石川教她假戲真做，化身為戲中人，忘掉自己。王漢倫牢牢記住這兩句話，化入實踐，雖然第一次拍戲，總能比較快地進入角色。有時很多人來攝影場參觀，演員們被圍在人群裏表演，有的演員當著參觀的人

便作不出戲來，王漢倫並不為環境所擾，只要一開拍，她的眼前、心中，只有戲中人。

在片場休息時，王漢倫一個人躲在一邊刺繡。有些臨時演員並不十分正派，二流子、妓女這樣的人也會出現在片場，說些打情罵俏不堪入耳的話。王漢倫看不慣，離他們遠遠的，說起她，旁人都有孤僻、固執的印象。

《孤兒救祖記》與以往的國產影片相比，在編劇、導演、攝影和表演上，都大大向前邁進了一步，在中國電影的啟蒙階段，築起一座里程碑。該片公映後大為轟動，王漢倫、鄭小秋、鄭鷓鴣等主要演員一夜成名，以往觀眾都追捧外國明星，《孤兒救祖記》將首批國產明星推向大眾聚焦點，成為大眾所嚮往的時代偶像。王漢倫一反文明戲誇張失度的表演和簡單粗糙的程式，詮釋人物自然質樸，情真意切，或許這一角色孤苦坎坷的境遇與她自己不無相通之處。王漢倫成為第一位悲劇明星。

明星公司因為此片盈利頗豐，搭起了玻璃攝影棚，購入了炭精照明燈，還新置了洋房。老闆們發了財，王漢倫仍是每月拿20元車馬費的基本演員，不過她不再是默默無聞的小學教員和打字工，而是許多人認識和仰慕的銀壇悲旦。

披荊斬棘的孤獨身影

王漢倫與明星公司訂了兩年合同，繼《孤兒救祖記》後主演的《玉梨魂》，又是一部催人熱淚的悲劇，王漢倫飾演一個年輕寡婦，

為了守節痛失所愛乃至鬱鬱而終。鄭正秋據「鴛鴦蝴蝶派」大家徐枕亞的同名駢體文言小說改編了劇本，與原作有較大出入，淡化了才子佳人的俗套，而更突出反封建禮教的主題。

這時明星公司已購置炭精燈作為攝影場照明設備，從前靠日光，只限於白天工作，有了炭精燈，演員就得日以繼夜地拍片了。老闆的算盤是儘量不讓攝影場空下來，把成本降到最低。有一回拍夜戲，攝影師說燈光還不夠強，把燈靠近王漢倫的臉，烤得她兩頰生疼，攝影師還說不夠亮，導演叫人把燈的玻璃罩摘掉，結果煙灰鑽進王漢倫的眼睛，眼淚流了三天都止不住，但是戲不能停。

《玉梨魂》延續了《孤兒救祖記》注重刻畫人物內心的優點，製作也更為成熟，於上海夏令配克大戲院上映時，觀者如潮好評四起。明星公司又賺了一大筆，老闆們坐上了小汽車，公司又添置水銀燈，生意興隆聲譽遠播。王漢倫悲劇女明星的地位無人能撼，她分析自己

王漢倫在《玉梨魂》中

擅演悲劇的原因：「我扮演悲劇角色很合適，我的性情好靜，又容易激動，素日在家也不常説話，同時我也好幻想。」（王漢倫〈我的從影經過〉）

離開「明星」，王漢倫在長城畫片公司主演了《棄婦》、《摘星之女》和《春閨夢裏人》。《棄婦》是「長城」以悲劇明星王漢倫作招牌推出的創業之作，借片中女主人公遭夫家拋棄、繼而不容於社會、最終萬念俱灰遁入空門的凄慘變故，尖鋭地提出「女權」這一社會問題，是又一部思想與藝術兼得的國產佳片。當初長城公司為了要挖到王漢倫這位「名角」，答應月薪200元，每片並有酬金1000元，然而《棄婦》完成之後，酬金拖欠，直到拍完《摘星之女》和《春閨夢裏人》，公司竟然説沒有酬金了。王漢倫和「長城」打起官司，雖然法院判決公司應照合同支薪，但王漢倫拿到的卻是一張空頭支票，「長城」因虧損過巨，在銀行已無存款。

1926年，天一公司的邵醉翁請王漢倫與胡蝶合演《電影女明星》。拍完片子，王漢倫隨「天一」遠赴南洋造勢，因組織混亂，演出一團糟，她還在報上發現有人冒自己的名招搖撞騙。在南洋的八個月，沒有一天留給她愉快的回憶。

《孤兒救祖記》所獲的輝煌與榮耀彷彿仍在眼前，但一個孤立無援的女子，在社會上拼卻一席之地實在飽嘗困苦，即便用老虎作姓，又有何益？

要是片子賣座，公司發財老闆得意；要是片子一般，公司虧錢，演員領不到薪酬，白白為公司賣命。自從與「長城」鬧僵，王漢倫不禁考慮起如何演好角色之外的事情，有沒有可能自立門戶呢？經朋友

介紹，她又拍了些影片，同時暗自醞釀這個大膽的計畫。1929年，得知包天笑寫好了一部新劇本《盲目的愛情》（上映時名為《女伶復仇記》），王漢倫將其買下，成立漢倫影片公司，決心自己做老闆投資拍片。因愛貓如子，她仿照米高梅的雄獅標記，將一頭貓作為商標。雖號稱公司，其實都是王漢倫一人包辦，攝影棚和設備租用民新公司的，她邀請已頗有名氣的卜萬蒼執導。卜萬蒼喜歡去跑馬廳買馬票，因此常誤了拍戲。王漢倫只能買下分鏡頭劇本，又購置一部手搖的小放映機，在家裏放一點接一點，這部由她自己投資、主演、還兼任製作的影片，才終告攝成。王漢倫帶著這部《女伶復仇記》走遍眾多大城市，蘇州，常熟、無錫、寧波、杭州、青島、濟南、天津、北京、瀋陽、長春、哈爾濱、大連——這一長串的地名串起王漢倫甘苦自知的夢想，這個從舊式家庭走出來的女子，忽然天地就這樣廣闊起來。

　　乘火車坐輪船，旅途顛簸，與影院商談，還要親自登臺宣傳，《女伶復仇記》讓王漢倫感受到生活的艱辛，也讓她體驗到當老闆賺大錢的滿足。這一次不要受電影公司的盤剝，不要受片商的克扣，不要為別人做嫁衣裳，邁出的每一步都是為了自己，再辛苦也是欣慰的。電影女明星出馬操持電影公司，一路吆喝，登臺獻演，觀眾們對這部影片充滿好奇，對這個年紀輕輕的女子，如何獨當一面、像男人一般闖蕩南北開創事業，更是興味盎然，急欲一睹風采。《女伶復仇記》經王漢倫親力親為的大力推廣，不僅在國內票房大振，還接到國外訂單。王漢倫將這筆錢作為脫離電影界的退休金，這是她最光芒四射的一刻，卻也是她告別影壇的黯然身影。緊接著跨入三十年代，有聲片蓬勃興起，王漢倫不擅國語，更加無望重返銀幕。

王漢倫在自己開的美容院中為
顧客服務

默片時期的女明星一旦息影，似乎
容易陷入身不由己的飄零身世。楊耐梅
因丈夫的產業在戰爭中消蝕殆盡，晚年
竟淪落至街頭乞討。張織雲孤棲香港，
貴為中國第一位電影皇后，卻晚景淒涼
無所依傍。王漢倫始終停不下勤勉奮進
的腳步，也許正是預見到女子如藤蘿般
依附為生，將有可能無法把握自己的命
運，她努力學習一技之長，不靠丈夫，
不仗子女，憑藉自己的力量生活，要像
棵樹一樣牢牢紮在土地，而不是生活於
空中樓閣。早期女明星中，她可謂獨樹
一幟。

繼辦電影公司之後，王漢倫又
有驚人之舉，到巴黎美容博士李卻得
（Richter）開辦於靜安寺路的美容學校
研習，據她說是李卻得所收學徒中唯
一一位中國人，學成後在霞飛路以自
己名字開張了美容院。1931年，人們
在電影雜誌上看到王漢倫的照片，不
是因為她主演的哪部電影，而是一張
名為「漢倫美容院」的廣告：「電影明
星王漢倫女士，從法國美容博士李卻得

氏Richter習得美容術百餘種，別出心裁，與眾不同，一經王女士親施手術後，無不貌如潘安，豔若西子，並用化學方法代客畫眉、點唇、燙髮、修指，且所用各種化妝品，皆經女士親自監製，有益衛生，毫無毒質，務使盡善盡美，稱心滿意。凡交際、宴會、跳舞、結婚等，無論男女，欲求美如天仙、搏人歡愛者，請來一試。」（〈漢倫美容院〉，載1931年4月10日《影戲生活》第十三期）

1937年「八一三」事變後，上海淪陷，日本人請一些文化名流、藝界明星出來裝點門面，王漢倫也被盯上了，被叫去做敵偽電臺的宣傳員，她以生病堅辭。日本人當然看出來這是藉口，回以厲色，王漢倫的美容院被迫關閉。抗戰八年，她沒有收入，守著數年積蓄艱苦度日，臨到勝利前夕，錢已花盡，生活異常困頓。

1931年的王漢倫

可是打跑了日本人，日子並沒有順暢起來。到處都是失業的人，王漢倫對於謀生方向也十分迷茫。屋漏偏逢連夜雨，她還受到國民黨的壓榨勒索，某師長圖謀侵佔她的公寓，派馬弁上門取鬧，甚至切斷水電相逼，這事都鬧上了報紙，報界對王漢倫一片同情之聲。

1949年以後，經婦聯和文聯動員，王漢倫參加了上海影劇協會，1954年又加入上海電影演員劇團，有了工作和薪金，孤身一人老境漸至的王漢倫多少有些安慰。三十年代開美容院期間，經媒妁之言，王漢倫結識杭州名士王季歡，王熱烈追求，「為歸宿計」的念頭不禁爬上心頭，王漢倫與彼倉促成婚。然而季歡落拓不羈的「名士」習氣與王漢倫的脾性格格不入，僅僅數月即告分飛，接踵相至的是無休無止的離婚官司。此後王漢倫一直單身，直到1978年8月17日於上海病逝。

楊耐梅

浪漫奇女子

楊耐梅曾自組電影公司拍攝並主演影片《奇女子》，片名正可以形容她自己。上世紀二十年代，國產影片剛剛起步，人們在銀幕上看到由女性出演角色還是挺新鮮的事情。明星影片公司隨之誕生中國最早一批女明星，楊耐梅是其中之一。楊耐梅的一生，比她演過的任何一部影片都要跌宕；今天已看不到她的電影拷貝，只能在銀幕下追蹤那讓人唏噓的身影。

大小姐叩開明星公司

　　就讀上海南市貴族學校務本女中的楊麗珠雖成績平平，卻是校內各種團體活動的風雲人物，演講、唱歌、跳舞、演戲，樣樣在行，又出落得亭亭嬌豔，是遠近聞名的「校花」。

　　楊麗珠1904年出生上海，原籍廣東佛山，父親楊易初是廣東的富商，來滬創辦實業。小麗珠真正是家裏的「掌上明珠」，因父母溺愛，自幼嬌慣，養成倨傲任性恣意擅為的脾氣。父親本指

楊耐梅主演影片《她的痛苦》說明書

望麗珠專心學業，留洋深造光耀門庭，可是麗珠的興趣不在學習上。家境優裕，麗珠的物質享受超越了一個學生的幅度和本分，她熱衷交際，頻頻出入舞場，請同學們吃飯看外國電影，打扮新奇入時。她還是笑舞臺的常客，文明戲百看不厭。當時的文明戲如傳統戲劇，女性角色由男旦扮演，裝腔作勢，麗珠很是不屑，心想要是自己登臺，一定好上百倍。在笑舞臺一來二去，麗珠結識了鄭正秋。鄭正秋是一位能編能演的職業劇人，1922年初與張石川、周劍雲等創辦明星影片公司。嚮往戲劇生涯的麗珠常到「明星」的攝影棚參觀遊玩。

自務本女中畢業，沒有校規和老師的約束，麗珠已是風姿綽約的時髦小姐，很快在交際圈引起人們注意。彼時剛剛興起燙髮，麗珠和一位叫華珊小姐的好友，把頭髮燙得出奇的高，相攜出入公共場合，令人側目。

明星公司的《孤兒救祖記》上映，轟動全埠，一向追捧好萊塢影片的觀眾也關注起了蹣跚起步的國片，在好萊塢大片的圍攻下，《孤兒救祖記》為國產電影築起一片高地。《孤兒救祖記》的主演王漢倫、鄭小秋等一舉成名。觀眾座席上的楊耐梅被王漢倫深深吸引，她多麼希望銀幕上眾星捧月的明星是自己。

鄭正秋剛和王漢倫講定了拍下一部影片《玉梨魂》的計畫，劇本改編自「鴛鴦蝴蝶派」小說家徐枕亞暢銷10萬餘冊的同名駢體文言小說。女主演有了，而苦於找不到合適人選扮演配角小姑筠倩，這是一個富家之女，美豔而略帶驕縱。「在民國十二三年的我國電影界，還只是初具形式而已，一般女性們，對於這電影是什麼？還不十分地瞭解，認為拍電影的便是『戲子』，而做『戲子』，是件不榮耀的事

情，所以一般大家閨秀，固然絕足不想踏進電影界，連那些愛出風頭的摩登小姐們，也不願在銀幕上露面，因此，這初期電影界的女明星遠沒有今日這樣的多，對於人材方面，極感缺乏。」（〈楊耐梅捲土重來〉，載1942年6月27日《大眾影訊》第二卷第四十九期）接受過良好教育的楊麗珠，嚮往電影明星的生活，而且肯演筠倩這個有些輕浮不羈的角色，實屬難得，鄭正秋將之推薦給張石川。張石川眼光犀利，繼發掘王漢倫之後，對這位出身名門富室的楊小姐很感興趣。麗珠模樣出挑，性格外向，極富表現欲，看著她躍躍欲試要上銀幕的迫切情形，張石川點頭給她一次機會。

就要過上神秘的攝影場生活了，興許即刻就能揚名，成為萬眾矚目呼風喚雨的大明星，楊麗珠雀躍地在拍片合約上簽署芳名，眼中神采奕奕，彷彿明星光環已唾手可得。

正式上銀幕之前，楊麗珠有過一次小小的「演習」。美國莆勞羅公司的著名導演葛雷谷帶領十餘位演員千里迢迢來上海拍片。明星公司作為本土電影大廠，略盡地主之誼，予以協助。葛雷谷所攝劇中有中國的一個富庶人家，這位美國導演不諳華俗，特為請教明星公司的張石川導演。張石川讓楊麗珠在這部美國短片中飾演富室的女公子，這是她第一次體驗水銀燈下的生活。

《孤兒救祖記》中風采照人的王漢倫繼續在《玉梨魂》中擔綱主角。《玉梨魂》講述了年輕寡婦守節的悲劇，淒涼感人，延續了《孤兒救祖記》的優異成績，票房豐收。從影的楊麗珠已改名楊耐梅，隨著《玉梨魂》公映與成功，楊耐梅的芳名與芳姿在電影圈中激起漣漪。

豔名，豔質，豔聞，豔跡

《玉梨魂》讓人們驚奇地發現一位大膽不羈的女演員，電影觀眾頭一次在國產片中領略這樣不同尋常的女性。楊耐梅一直希望將其靚影展現銀幕，讓更多人為自己傾倒著迷，然而事與願違，明星公司撥給的第二個角色，是電影《苦兒弱女》中的配角。這是鄭正秋編劇的又一部家庭倫理劇，王漢倫依然是雷打不動的女一號，演一位含辛茹苦的母親效仿孟母三遷與斷機的典故，教育兒子去惡習走正道。楊耐梅卻演地主的老婆，絲毫沒有發揮餘地。其實明星公司並未忽視嶄露頭角的楊耐梅，下一個劇本《誘婚》就是專為她量身訂做。她總算盼來出任女主角的機會，演一個名叫雲英的虛榮女子，放棄兩小無猜品性純良的表兄，被圖謀野心之人迷惑，雖父母不允，而執迷不悟。這一角色正能發揮楊耐梅之長，她自己就是從小受寵的富家小姐，不服父母管教，且愛慕虛榮，許多性格特徵與角色都相吻合，表演起來自不費力。

楊耐梅在《美人關》中飾胡媚梨之軍裝照

《誘婚》公映，楊耐梅以其有爭議的表演，獲得無爭議的成功。她成為中國影史上第一個以風流放蕩著稱的女明星。楊耐梅受到影迷和媒體的追逐，為之興奮和眩暈，但是這一切給她的家庭帶來極大的失望和痛苦。愛女自毀前程，不僅「墮為戲子」，「自逐末流」，更以放浪形象沾沾自喜於銀幕，楊耐梅的父親不能接受，又無法改變她的選擇，父女感情破裂，楊耐梅負氣離家。

　　擺脫家庭約束，楊耐梅拍電影再不用藏著掖著，拍片不斷，相繼推出《好哥哥》、《新人的家庭》、《空谷蘭》等，均成績不俗，她與王漢倫、張織雲、韓雲珍諸女星熠熠爭輝，豔名遠播。

　　1926年上映的《良心復活》，劇情由包天笑改編自托爾斯泰的小說名著《復活》，做了中國化的變動，楊耐梅和奶油小生朱飛主演。該片導演卜萬蒼出了個「明星隨片登臺」的點子，讓楊耐梅跑到電影院現身說法，明星公司和影院的精心設計，使觀眾迎來前所未有的觀影體驗。影片中有一場戲是楊耐梅哼唱《乳娘曲》哄兒入睡，放到此處，忽然銀幕升起，燈光漸亮，中央大戲院的舞臺完全複製片中佈景，坐於其間的正是楊耐梅，表情裝扮都和戲裏一模一樣，小型國樂隊在佈景後面伴奏，楊耐梅抑揚頓挫唱起《乳娘曲》。默片時代，本來觀眾只能從字幕和演員的口唇翕動來依稀體會這無聲的吟唱，楊耐梅親臨獻歌，觀眾不僅能聆聽真實的歌曲，還能欣賞真實的明星，怎不讓人激動。對於楊耐梅的眾多影迷，這更是千載難逢的機會，銀幕上亦幻亦真的偶像竟然聲息可聞地和自己同在一所電影院，一睹廬山真面似乎讓他們感受到一親芳澤的溫存，影迷為之瘋狂！楊耐梅一曲唱罷，銀幕落下，電影繼續放映。這段別出心裁的「插曲」只有三分

鐘，而效果轟動異常，場場爆滿，空前
賣座。

卜萬蒼與楊耐梅合作的《湖邊春
夢》，是明星公司請田漢編寫的一齣極
富詩情畫意的感傷劇。失戀致疾的青年
（龔稼農飾）搭火車赴杭療養，車上偶
遇一美豔少婦（楊耐梅飾），不覺情思
入魔。青年在西湖邊住下後，一日於湖
畔紅樓遇少婦，婦稱獨居，恐有強盜，
青年表示將萬死不辭護其安全。當強人
來襲，青年驚醒，方知一夢。青年至湖
畔尋夢，未見心上人倩影。登車返滬，
又與少婦同車，告之夢中險奇之歷，少
婦攜夫，視為笑談，不予理會。《湖邊
春夢》在西湖實景拍攝，男女主角在山
水畫境中談情說愛，各處名勝一一攝入
鏡頭，並由楊耐梅扮演的少婦介紹古蹟
佳話，既是一部如夢如幻的愛情片，又
開啟了觀光片的先河。

外景隊一行十多人在導演卜萬蒼的
帶領下從上海乘火車來到杭州，時值初
春，遊人如織。由於當地報紙事先的宣
傳，仰慕楊耐梅的數百眾影迷齊聚火車

楊耐梅在《湖邊春夢》中飾黎綺波

站守候偶像駕到，當時的影迷遠沒有今天呼天搶地洶湧如狂瀾的追星之勢，甚至還不流行簽名索照，只是遠遠站定指指點點評頭論足，有時會有人喊上一嗓子：「楊耐梅笑一笑，笑一笑！」

兩位主角楊耐梅、龔稼農都是初次造訪西子湖，除了在戲中為觀眾作「導遊」，拍片閒暇，他們也流連蘇堤柳岸，飽覽「三潭印月」、「曲院風荷」，尋蹤靈隱、虎跑等。龔稼農晚年憶起與楊耐梅偕遊「天堂」，猶興味十足地寫道，西湖美景「無一遺漏」，「馬步船行，亦甘亦苦，不勝憶記」。（龔稼農〈西子湖畔麗人行〉，載臺灣文星書店1967年4月《龔稼農從影回憶錄》第二冊）楊耐梅為杭州之行特意添置十多套新衣，以期《湖邊春夢》中的少婦更加款款迷人，不過她私下遊湖時，另備布衣，薄施脂粉，免被影迷認出，困擾行程。

銀幕上的楊耐梅，其冶豔的演出無人比肩，銀幕下的她，話題之多、豔名之盛亦無人可及。各種花邊新聞，織起了彩色肥皂泡一般的生活。與楊耐梅在明星公司共事的男演員龔稼農回憶說：「民國十四年，我隨卜萬蒼轉進明星公司之時，耐梅的生活瑣事，被具有好奇心理的影迷渲染傳播，真是街頭巷尾，茶樓酒館，人人無不以談耐梅為見廣識多；其實此時的她，也只是因生性放縱，好客，新奇，生活圈子較一般影人為廣而已。」（龔稼農〈豔名遠揚〉，載臺灣文星書店1967年4月《龔稼農從影回憶錄》第二冊）

楊耐梅結識了混跡攝影場的小開王吉亭，不久兩人同進同出，還大大方方地「共賦同居之愛」。她已從父母家搬出來，再出格的事情也沒人管得著了。她和王吉亭住在愛多亞路一幢普通的二層樓洋房。明星公司給楊耐梅的月薪為500元，除了日用開銷，多有結餘。她自

小生長在富裕環境，一貫出手闊綽，尤其在打扮裝飾方面，不惜一擲千金，「南京路的先施和永安公司，外灘的惠羅公司的最新女性用品，耐梅總是第一個顧客，幾家著名的服裝公司更因耐梅的光臨而生意興隆。耐梅的服裝式樣是新奇的，髮型是新奇的，這亦正如前幾年赫本型頭髮為人仿效一樣，而衣飾的標新立異，更助長了明星的豔名」。

1931年的楊耐梅

（龔稼農〈豔名遠揚〉）有一次楊耐梅邀請龔稼農、湯傑等幾個朋友去「卡爾登」跳舞，她穿一身新設計的裙子，珠光閃閃耀眼奪目，一進舞池，所有女客都投以驚羨目光，男客們更是目眩神迷，龔稼農和湯傑雖是這家舞廳的常客，但在這種陣勢下也都有些不自然，而楊耐梅對眾目睽睽絲毫不窘，反而感到驕傲與滿足。對她而言，嘖嘖稱歎的目光越密越好，這些目光就像聚光燈，將其他人都掩在黑暗中，唯獨她光芒四射，豔壓全場。大約過了一星期，這套珠光閃閃的衣服已經到處流行，而楊耐梅，又一套新款靚衣出籠了。

1933年的楊耐梅

　　出風頭，為人所不敢為，成為新聞焦點，楊耐梅無不興致勃勃。粵劇界名伶薛覺仙率戲班到滬公演，楊耐梅運用自己在社交界的影響，為這位同鄉賣力宣傳，首演之日，她更是摘下手上戴的名貴鑽戒，用紅紙包裹好，投向戲臺，如此大手筆的捧角，震懾全場，第二天報紙大肆渲染。連到永安公司買絲襪，楊耐梅都能製造「海上奇聞」。一日她在永安公司的絲襪部坐定，將挑好的絲襪指示男店員親自幫她穿上，說著伸出玉腿，若無其事地撩起旗袍的裙擺。店員不敢頂撞這位大名鼎鼎的老主顧，只得漲紅了臉，顫抖著手，聽命行事，而楊耐梅呢，無半點窘色，待她付了款走出永安，這個消息就像長了翅膀，飛快傳遍巷談。這是1928年，普通人家的女子尚自遵循束胸掩腿的保守之風，楊耐梅的離經叛道與膽大妄為叫人咋舌。

　　在交際場如魚得水的楊耐梅，也以好客聞名。只要是沒有工作的週末或者假期，「愛多亞路的二層洋樓裏，

幾乎成了公司同仁或新聞界朋友的俱樂部，筵開三桌，司空見慣，有時興之所至，便親自下廚燒幾味廣東菜饗客，如遇朋友求助，從未有讓人空手而回的，這些豪華的生活為眾人樂道、渲染，僅僅兩年多的銀色生活，使耐梅名聞全國，風靡影迷不知幾凡！」（龔稼農〈豔名遠揚〉）

不過這時的楊耐梅，應酬各種社交，名氣越來越大，漸漸把明星公司的拍片規章拋之腦後，常常遲到，乃至隨時電話請假，攝影場上與她搭檔的工作人員頗為頭痛。

虛榮迷了心性，浪漫奏出悲音

最初對銀幕生涯的新鮮感，也許在日復一日具體而微的工作中漸漸消耗，楊耐梅動起了自費拍片的念頭。從來還沒有女明星自己辦電影公司，這是多麼刺激和新奇的事啊。當耐梅影片公司開張，她出資並自己主演了一部影片叫《奇女子》。籌辦電影公司可不是一拍腦袋就能運作的事情，需要雄厚財力支撐，楊耐梅僅靠片酬，根本無力實現。她從哪裡籌到這一大筆錢呢？這是她自導自演的一部名副其實的「奇女子」。

正當楊耐梅為資金缺口一籌莫展，軍閥張宗昌派專使到上海會晤楊耐梅，請她北上一聚。張宗昌，人稱「混世魔王」，粗鄙無德劣跡斑斑。民間流傳「張宗昌三不知」，即「不知兵有多少，不知錢有多少，不知妾有多少」。據說他見到漂亮女子就要據為己有，置房產養小老婆。楊耐梅的熾熾豔名驚動了這個盤踞山東惡霸一方的軍閥頭

子。專使帶來一個讓楊耐梅心動的消息，張宗昌聽說她打算自組電影公司，如她答應親赴濟南，張宗昌願投鉅資助其拍片。顯然這是赤裸裸的一筆交易。

濟南不像上海，畢竟環境陌生，如遇危急不易應付，而張宗昌臭名昭著，楊耐梅也不得不防備落得同流合污的口舌，起初極力保密，只和幾個關係最近的朋友談起過。朋友們懷著憂心勸她打消此念，然而權衡再三，楊耐梅決定一探虎穴。頭牌豔星駕臨濟南，掀起軒然大波。張宗昌博得美人的笑靨和親昵，楊耐梅則荷包鼓鼓鈔票滿載，各得所需各如所願。十多天後，楊耐梅竟然毫髮無傷地全身而退，在上海焦急等待的朋友們又喜又驚。返滬的楊耐梅馬上宣佈成立「耐梅影片公司」，風風火火地開拍新片《奇女子》，還大手筆地購入洋樓豪宅和新款轎車，添雇傭人，養起了馬匹和狼犬……

《奇女子》取材真實事件。廣東籍女子余美顏從自家樓上，投擲銀元滿街，看行人哄搶以為其樂。此女曾行「種種乖謬」，「上違父母之命，背夫私逃，開女界不敢為之風，而行女界奇恥大辱之舉」，（〈余美顏告女界同胞書〉，載1928年9月《新銀星》第二期）。她在郵船上投海自盡，遺書兩函，一致情人，一告女界，一生事蹟經報載譁然一片。楊耐梅將余美顏香豔而傳奇的羅曼史搬上銀幕，並出演這個與自己有某種惺惺相惜之感的角色。取自新聞熱點的劇情，嚴謹而有才華的導演史東山和蔡楚生，強檔的主演陣容楊耐梅和朱飛，以及耐梅影片公司的主人楊耐梅多姿多彩的話題，另外，楊耐梅還仿照《良心復活》登臺獻唱，以資號召──這部影片具備了各種賣座因素。儘管楊耐梅忙於周旋社交，忙於學習駕駛，忙於開著新車出街兜風，除了

出任主演，很少過問製片等細節事務，所費資金亦超預算。但是，《奇女子》上映後仍獲佳績，頗有盈利。

耐梅影片公司本可以憑《奇女子》的好勢頭繼續開拓事業，而楊耐梅實現了一時的興趣便熱情衰退，轉而染上鴉片癮和賭癮。「奇女子」余美顏之死為何一點都沒有觸動她呢？因握有投資拍片的巨額盈餘，楊耐梅較以往更為乖張放誕。吞雲吐霧仙仙欲死，豪賭千金大起大落，或許唯有這樣才能稍稍填補空虛的心。不出幾年，奢侈糜費的家用和不聽人勸地濫賭，楊耐梅終將數十萬存款揮霍一盡。山窮水盡之時，為了區區幾百元酬金，楊耐梅加入顧無為組織的劇團到南京演出舞臺劇《啼笑因緣》，飾何麗娜一角，雖然國語發音牽強，也算讓南京市民領略芳姿。

三十年代初，有聲片的興起已是影界趨勢，楊耐梅是廣東人，不擅國語，且年長色衰，漸落人後。楊耐梅的羅曼史一向是報紙和巷議津津樂道的話題，她也「不負眾望」，時常能提供新鮮和生動的素材，韻事不斷。1932年一家電影小廠大東公司出品的《春風楊柳》是她演出的最後一部影片，她認真考慮起了「歸宿」之計。同年，楊耐梅嫁給青年才俊陳君景，一場未驚動親友的簡單婚禮，將是她對浮華迷夢的訣別。

陳君景是革命先驅陳少白之子，曾赴美學經濟，不知是否因為留過洋，對楊耐梅一段「奇女子」的歷史並不介懷。時人描述陳君景「亦漂亮，亦質樸，落落大方，秉性熱忱」（〈楊耐梅在香港〉，載1941年3月1日《大眾影訊》第一卷第三十四期）。嫁為人婦的楊耐梅不再涉足銀幕，並絕跡以往的社會場合。因這樁婚事遭陳君景家庭劇烈反

對，陳君景偕妻耐梅移居香港。數年後友人在香港遇陳君景，問及近況，陳莞爾答曰：「耐梅嬪余而後，布衣素服，一改昔日奢侈習氣，至今好多年來，皮鞋亦不常添購，長年安分居家，養貓犬以自遣，足跡不履交際之場，早與往時判若兩人矣。」（〈楊耐梅在香港〉）飛揚跋扈的浪漫女子，閱盡風霜憬然自覺，轉變之遽出人意表。

不過在1942年，上海人又看到楊耐梅的新聞和久違的身影。她來滬登上闊別十年的舞臺，在辣斐戲院演起了「王熙鳳」。

楊耐梅的晚年幾乎是隱居狀態，大概真的老了，已經提不起報界的興趣，她在上海露過一面之後又杳無音訊。故事到這兒，也許該有一個平淡的結尾，可是楊耐梅的一生偏偏不容安寧。因連年戰爭，陳君景的產業不斷消減蝕盡，最後竟至於窮困潦倒，當時香港有來自內地的影人，曾在街頭遇上淪為丐婦的楊耐梅。1957年，嫁到臺灣的女兒聞訊將楊耐梅接到家中。1960年，臺灣，「奇女子」的一生無力地劃上了句點。

陳波兒

踏浪而來的一抹清波

1934年，初涉影壇的陳波兒第一次走進攝影棚，在初掌導筒的姚蘇鳳的指揮下，與同樣年輕而缺乏銀幕經驗的姜克尼、趙丹上演對手戲，奉獻了一部朝氣蓬勃的銀幕處女作——《青春線》。那一年，中國電影的黃金時代也正剛剛拉開帷幕，傑出的影人似潮水般一波接一波湧來，陳波兒也是其中的一個「波」。雖然在一眾環肥燕瘦、爭奇鬥豔的女明星中，她從來都不是最光彩奪目的，甚至可以說有些游離於影壇的聲色犬馬之外，然而正是這一點游離，這一點有距離感的端莊和聰慧卻她又讓她顯得如此與眾不同。她一生雖只拍過幾部影片，卻塑造了一系列不可磨滅的銀幕形象——《桃李劫》中溫柔沉靜的知識女性、《生死同心》中正直愛國的華僑妻子、《八百壯士》中聰明伶俐的女童子軍；她上過大學，能讀能寫，常有作品散見於報刊雜誌，是少數的幾個「作家明星」之一；她心繫天下，在民族存亡關頭毅然投身抗日救亡的洪流，足跡踏遍上海、綏遠、南京、延安、重慶，堅持不懈地進行宣傳工作。除了演員，她擁有更多的頭銜：明星、女戰士，人民藝術家……也許從來沒有一個詞語能夠涵蓋人一生的各個側面，因此不妨讓我們擷取陳波兒四十載生命中經歷的點滴，塗抹在紙上，看拼湊出怎樣一個血肉豐滿、栩栩如生的人物。

一路行走，一路成長

　　1951年11月9日，病魔纏身的陳波兒不幸撒手人寰，享年僅41歲。其時，她身兼文化部電影局藝術委員會副主任兼藝術處處長、表

演藝術研究所所長、全國婦聯第一屆委員、中國文聯第一屆委員、中國影協第一屆常務委員、全國政協第一屆委員等各種要職，同時代的女明星中，鮮少有幾人能如她一般直到生命盡頭依舊為文藝工作奉獻餘熱。她的後半生，成功地完成了從一個女演員到文藝幹部的蛻變，淡出光鮮耀眼的幕前，卻在幕後找到了更廣闊的人生舞臺施展拳腳。

鄧穎超在〈悼念陳波兒同志〉一文中曾如此評價她的品質：「有的人在工作中有了某些成績時，便容易滋生自滿。這種自滿的情緒，能使人停滯下來，不能再有更大的進步……波兒同志，20年來的歷程證明你不是屬於這一類的人，你堅持電影藝術工作崗位20年，並沒有因為自己所已經達到的成績而自滿自足，相反，你正在不斷的工作與學習中力求進步，思想不斷發展，作風仍然樸素……」（蕭果〈陳娟娟〉，載廣東人民出版社1987年版《中國早期影星》）

不驕不躁，銳意進取，陳波兒的一生就是這樣一場跋涉千里的旅途，從家庭的樊籠到學校的大門到戲劇的舞臺到革命的戰場，她的步伐從不停頓，她的天地越走越寬……每一步她都走得紮實穩健，每一站她都能交出一份漂亮的答卷，每一次她又都不滿足於既有的成績，不斷踏上新的征程向下一個巔峰邁進，而這旅途的起點自她尚在襁褓之中就已經開啟。

1910年，陳波兒出生在廣東潮州一個富裕的商人家中，原名陳舜華，後改為陳波兒，取波兒兩字是為了紀念從小就非常疼愛她的父親陳湘波。幼年的陳波兒雖然倍受父親疼愛，因是庶出，卻時常要遭受祖母和「大母親」的責罵，小小年紀就飽嘗舊式家庭對人身心的毒害。而她的反抗精神則從少女時期就開始嶄露頭角了，陳波兒嫌每天

1935年的陳波兒

梳辮子很累，又羨慕女兵一頭短髮、英姿颯爽的樣子，便瞞著家人偷偷把辮子剪了，這在當時可是件驚世駭俗的大事，免不了被人指指點點，陳波兒卻毫不在乎別人的閒言碎語，頂著個「革命頭」在12歲的年紀就從家庭的桎梏中走出來，來到異鄉求學。

陳波兒的求學之路從廈門和南京開始一路輾轉到上海，先後進入格致中學和中國公學，1929年轉入上海藝術大學文學系，四處遊學的經歷不僅讓她飽讀詩書，接觸先進思想，更是開啟了她通往藝術世界的大門。

正是在上海藝術大學讀書期間，陳波兒從小對藝術的熱愛得到了充分發展。當時風起雲湧的左翼戲劇運動引起了她的興趣，1929她加入由鄭伯奇、沈端先主持的上海藝術劇社，參與進步話劇的演出，曾在《樑上君子》、《炭坑夫》、《愛與死的角逐》、《西線無戰事》等話劇中飾演主要角色。1931年因主演大道劇社的《街頭人》一劇轟動當時劇壇，她的表演才能得到了充分

肯定，同時她的進步舉動也引起了國民
政府的注意。同年，陳波兒由於參加學
生運動受到國民黨當局監控，被迫避居
香港，從事英文教員工作。

　　1934年陳波兒重新回到上海，當
時滬上的第一大影片公司「明星」正處
於風格轉型期，準備拍攝一些現實題材
的時代劇，急需進步演員。機緣巧合，
陳波兒在「藝大」的老師鄭伯奇與明星
公司的周劍雲是舊識，於是便介紹她加
入「明星」，陳波兒就此從舞臺走上了
銀幕。她主演的處女作是《青春線》，
雖然反響平平，卻給對電影工作尚是蒙
昧瞭解的她上了生動的一課。差不多在
拍《青春線》的同時，陳波兒接受了
電通公司的聘請，參與左翼電影《桃
李劫》的拍攝，在片中飾演一位忍辱負
重、傷重慘死的知識女性，真實細膩的
表演深入人心，贏得了廣大觀眾和進步
輿論的一致讚賞，陳波兒憑藉此劇一炮
打響，奠定了著名演員的地位。電通公
司因經濟困難及政治原因被迫停業後，
陳波兒於1936年重返「明星」，在影

1935年的陳波兒

片《生死同心》中扮演一位正直愛國的青年婦女，這一形象塑造同樣取得了成功。

　　拍攝電影之餘，陳波兒將更多的精力投入於抗日救亡宣傳運動，用文藝的力量感召廣大民眾團結起來共同禦敵。1937年1月，她與崔嵬等組成「上海婦孺前線慰問團」奔赴綏遠抗日前線，演出國防戲劇《放下你的鞭子》、《張家店》、《走私》等宣傳抗日。「七君子」事件爆發之時，又與宋慶齡、何香凝等16人聯名上書要求與被捕入獄的「七君子」同罪同罰，最終「七君子」被釋放。1937年抗日戰爭爆發後，她更是一心投入在抗日事業上，先是參加話劇《保衛盧溝橋》的演出，同年在南京加入中國共產黨。1938年她當選為中華全國電影界抗敵協會理事，不久在中國電影製片廠攝製的影片《八百壯士》中扮演愛國的女童子軍楊慧敏，這是她一生出演的最後一部影片。此後，她漸漸淡出舞臺，開始了幕後的領導工作。1938年底，「戰區婦女兒童考察團」成立後，她率團輾轉晉西南、晉察冀、晉東南各敵後抗日民主根據地開展動員工作，由於地處偏遠，消息閉塞，一度還風傳陳波兒過世的報導，直到1940年率團抵達重慶，陳波兒失蹤之謎才得以澄清。經過這一系列風霜雨雪的考驗，此時的陳波兒已由一個纖弱的電影演員成長為堅強的革命戰士，繼續戰鬥在白色恐怖重重籠罩的國統區，向民眾報導抗日根據地人民的艱苦鬥爭。

作家明星的才情書寫

陳波兒很小年紀就衝破家庭的束縛出門求學，進過中國公學，又上過大學，接受了新式學堂教育，這樣的教育背景決定了她不僅是一個青春熱血的革命戰士，她有著革命女性堅忍不拔的意志，更有著知識女性纖細敏感的智慧。她興趣愛好廣泛，尤擅文章，常有作品發表，與王瑩、艾霞、胡萍並稱「影壇四大才女」。那時明星撰文是常有的事，一來可以提高知名度，二來也能賺點稿費，讀者也喜歡看，但大抵不過報報流水賬，說些大而無當的套話，有實質內容的很少。陳波兒的文章卻不是如此，是真正通過書寫表達思想，收集起來細讀，發現她對很多問題都有自己的獨到見解。

1935年的陳波兒

比如對電影演員這一職業她就有著比較清醒的認識。陳波兒從1929年開始參加戲劇活動，1934年便投身電影圈，主演的第一部影片《青春線》雖然不甚成功，第二部《桃李劫》卻是一炮走紅，可以說是星途一片坦蕩。然而她

卻並沒有因此而麻木陶醉，沉淪在被人追捧的虛妄中，相反她時刻保持著高度的警醒。在她看來，「演員也不過是一個活動的傀儡。接到通告後，你就得於一定時間之內跑到攝影場，到了攝影場，導演教你哭；教你笑；你只好照令而行。」（陳波兒〈電影生活隨想〉，載1934年8月25日《電影畫報》第13期）不僅如此，她還進一步對當時電影演員的基本素質提出質疑，認為「他們與某公司立了長期合同，他們就長期的，不分日夜的替公司拍戲，在拍完戲而稍得空暇的時候，自己除了休息的時間之外，還有一種必須的交際，那麼剩餘下來的工夫，至多只能閱讀多少畫報與文藝小品等罷了。事實上一個人要求有所深造，這樣短促修養的辰光是不夠的。同時並不能算是研究專門學術，只是一種消遣的方法。因此，演員的學識就感受到限制，在別人看起來，演員的全部才學，似乎只會做幾個表情而已。」（陳波兒〈新年隨想〉，載1934年12月25日《電影畫報》第17期）為了解決這個問題，她還提出了自己的構想，「現在我們要解救這種困難，同時對於攝製公司方面也有極大的利便，我就提出一個動議——演員工作每年以四個月為限。」（陳波兒〈新年隨想〉）且不論她評論是否中肯，意見是否可行，當時能有這樣的思考已是難能可貴。

除了寫文章，陳波兒還有一大愛好，就是唱歌。雖說她平日很是沈默，卻非常喜歡唱歌，尤其是英文歌，「隨時隨地，她都毫不顧及地衝破她的沈默就唱了起來」。（吳湄〈陳波兒訪問記〉載1934年12月20日《現代演劇》第1卷第1期）在拍攝影片《桃李劫》時，因為陳波兒特別喜歡主題曲《畢業歌》的旋律和歌詞，常常忍不住就放聲高唱起來，當時在片場經常可以聽到她唱歌的聲音，一時傳為美談。

陳波兒不僅能演戲，富有學識，愛好廣泛，在電影藝術的其他領域也頗有才能。抗戰後期，隨著陳波兒的工作重心漸漸由台前轉向幕後，她在編劇、導演、製片等各方面的才能一一得到展現，結出累累碩果：

1941年，她在延安馬列學院及中央黨校學習，先後導演話劇《馬門教授》、《新木馬計》、《俄羅斯人》等，創作劇本《傷兵曲》、《勞動的光輝》等。

1942年，為配合當時的延安整風運動，她與姚仲明合作編寫並親自導演話劇《同志，你走錯了路》，獲陝甘寧邊區首次文教大會甲等獎，本人被評為陝甘寧邊區甲等文教英雄。同年組織拍攝《保衛延安》等具有文獻意義的新聞紀錄片。

1946年，參加延安電影製片廠出品故事影片《邊區勞動英雄》的編劇和拍攝工作。同年陳波兒奔赴黑龍江興山參與籌建東北電影製片廠，擔任東影黨總支書記兼藝術處處長，負責藝術創作的領導工作，表現出傑出的領導才能。

1947年，她主持拍攝17輯新聞紀錄片《民主東北》，記錄東北解放區在軍事、政治、經濟等方面的重大事件。同年編導了木偶片《皇帝夢》，諷刺蔣介石召開的國大醜劇。這是中國第一部木偶片，收集在《民主東北》第4輯。

1949年，她編寫了電影劇本《光芒萬丈》，拍攝上映後，得到國內外觀眾的好評。她還倡議和主持成立了我國第一個電影藝術研究部門──表演藝術研究所（即北京電影學院的前身），在身體狀況已漸漸惡化的情況下，為新中國的電影事業嘔心瀝血。

⋯⋯

那些遺落的人和事

在陳波兒波瀾壯闊的一生中，擦肩而過的人事無數，回溯往昔總是無法記全，重要的、閃亮的篩選過盡後，餘下的看似無足輕重的彷彿就將永遠被遺忘。但其實那些遺落的人和事，雖鮮有人提及，卻也是陳波兒生命中不可或缺的部分。在此補續兩段值得記敘的往昔，以求真實與完整。

其一是陳波兒曾出演的一部被人遺忘的電影作品——《回首當年》。一般人皆謂陳波兒一生只拍過四部影片，卻不知她1934年在香港還拍過一部粵語片《回首當年》。那時，陳波兒在「電通」剛拍完《桃李劫》，因尚未與「電通」簽約，故接受香港全球公司之聘，赴港拍攝關右章導演的《回首當年》。1935年春，《回首當年》在香港公映，頗能賣座，但口碑卻不甚佳，看過此片的影評人多有微詞。

其中有段評論是這樣說的，此片「雖說是『道地』的出名，但內容卻毫不『道地』。所謂『對白歌唱』的內幕，卻是開頭和結尾時的幾句聽不大清楚的廣東話；而大部份竟是『默爾而息』的不說話又不唱歌。不但，技術上這是不成熟的作品，就是內容，也開倒車到十八世紀去……」批評完了內容，還說了攝影手法上的不足，主要是粵語片中電影藝術和舞臺藝術分野不明的問題，「譬如說唱歌吧——它一來就是一大段，把鏡頭立定了對準唱者，好像生怕她逃跑掉一樣。」（舒湮〈港遊歸來的漫感〉，載1935年7月20日《電影新聞》第1卷第3期）

由這些評論看來，這部片子稱不上是一部成功之作，這也反映了當時粵語片的一般情況。當時的粵語片普遍製作水平不高，縮減成

本，爭搶進度，往往十天半月就趕拍完成，既缺乏電影攝製技法，也不注重藝術性，所以成績基本都不太好。就是陳波兒自己對這部片子也不太滿意，據稱「她到香港去的目的並不是在拍影片，後來為了友情難卻，才拍這張《回首當年》，這張片子不大合她個性」（〈陳波兒〉，載1935年6月5日《電影生活》第1期），而且因為料想成績一定不佳，當此片在香港公映時她自己都沒有去看。也許正因為此片和陳波兒一貫出演的進步影片的風格有所出入，以後的描述中幾乎無人提及，然而這同樣是陳波兒主演的影片，可作為一次不成功的嘗試來看待。

其次則是有關陳波兒的感情生活。也許是陳波兒一貫正義凜然的革命形象太過深入人心，對其感情生活的描述總是匆匆略過。但其實她雖然是個出色的女演員、女幹部，卻也同樣是個為人妻、為人母的普通女性，有著和普通女性同樣的情感需求和家庭依戀。然而，就是這樣簡單的願望，在戰火紛飛、顛沛流離的歲月中卻顯得如此遙不可及，雖然在事業上屢有收穫，家庭生活卻並不幸福。

陳波兒在上海藝術大學就讀期間認識了她第一任丈夫任泊生。任泊生出生在越南，父親是越南華僑商人，資產豐厚，他少年時回國，從青年時代起，便關心中華民族的前途和命運，不僅支援省港大罷工，還赴南洋進行反帝愛國宣傳，是一個心懷天下、思想進步的青年。兩人相愛後偕去香港舉行了婚禮，不久生下兒子任克，後又生下第二個兒子。然而幸福的生活才剛剛開始就遭當頭棒喝，小兒子在兩歲多時便急病夭折，給與陳波兒以沉重一擊。

陳波兒在香港生活了三年多後重新回到上海，參與電影拍攝。在拍攝《桃李劫》時，她與有「千面人」之稱的袁牧之合作配戲，非常

最近赴綏慰勞之陳波兒女士

默契，漸生感情。「電通」結束後，兩人又在「明星」二廠合作出演了《生死同心》。抗戰爆發後，還共同組織「上海救亡演劇隊」第一隊，離開上海赴抗日前線，沿途參加了戲劇《保衛盧溝橋》和影片《八百壯士》的演出，在患難與共的歲月中感情日深。然而陳波兒與袁牧之雖有感情，但當時陳波兒同丈夫並沒有離婚，所以兩人一直保持著朋友關係。這個朋友一做就是十多年，直到1946年，陳波兒去重慶走訪老朋友時，得知任泊生已另娶妻，頓時心灰意冷，對舊情再無所留戀。1947年的夏天，陳波兒與袁牧之終於完婚。

然而結婚才沒多久，命運又向她伸出了毒手，陳波兒的身體在心臟病的侵蝕下，每況愈下。其實早在1943年陳波兒導演話劇《同志，你走錯了路》時就已經查出患有心臟病，還在排練現場暈倒過兩次。解放初期，陳波兒為籌備自己倡導的表演藝術研究所費盡心力，身體更是日益虛弱。1951年她在廣州談完珠江電影製片廠暫時停建的事情

後，回家鄉接母親一同奔赴上海。在火車上，她向媽媽保證：「從今以後，我不離開你。」然而這一句承諾，她食言了。到上海後，陳波兒在與專家會談時突然心臟病發作，再也沒醒來，永遠地離開了她的母親、她的丈夫、她的孩子，離開了我們。

胡蝶

蝴蝶飛過滄海

說起民國時期的「電影皇后」，前有張織雲，後有陳雲裳，可是唯有胡蝶，一生都有這光環籠罩。十七歲，她自作主張擇業從影；二十六歲，聲勢浩大的「影后」加冕典禮堪稱一時盛舉；二十八歲，作為演員唯一代表隨中國電影代表團出訪歐洲；五十三歲，憑藉《後門》一片榮膺亞洲影展最佳女主角；七十九歲，因對電影事業的傑出貢獻獲授臺灣金馬獎……

　　這一路裏繁花似錦，這一路裏無限風光，不禁叫人感歎，胡蝶是為電影而生。其實人生這襲華美的錦袍，難免爬滿了蝨子，即便貴為「影后」，也有身不由己時，箇中辛酸，較常人而更甚，但她凡事自有分寸，始終不出怨言，只道人生如戲，合該一笑而過，海闊天空。

願為蝴蝶自由飛

　　中國早期影壇，專業演員稀缺，女演員尤甚。戲子優伶歷來都是賤役，一般的良家婦女，大抵不願拋頭露臉讓人輕視。可守舊人心擋不住進化的世情，銀幕上高鼻深目的摩登女性巧笑倩兮，人們漸漸都知有個詞語叫「明星」。中國人終歸要看中國戲，便宜不能總讓舶來品，於是本土「明星」應運而生，王漢倫、殷明珠、張織雲……一時也似小星星，一閃一閃亮晶晶。那時，國產影片雖說還不盡成熟，卻很有一批為之動容的觀眾，他們愛看中國人自己的故事，也開始羨慕起水銀燈下的生活，十七歲的胡瑞華便是其中的一個。

　　話要從1908年說起，那一年，鬱鬱不得志的光緒皇帝和統治中國四十七年的慈禧太后先後「駕崩」，風雨飄搖的大清王朝已似強弩之末。舊曆二月二十一日那天，上海提籃橋輔慶里第一弄第三家有個女孩兒呱呱墜地，主人家名叫胡少貢，廣東省鶴山縣波山村人，祖上並不顯赫，卻因為有個姐姐嫁給了日後段祺瑞政府總理唐紹儀的弟弟，姐夫一家又住在上海，也就沾了親戚的光，從鄉下被接到上海當差。胡少貢初為人父，喜悅之情溢於言表，他給女兒起名寶娟。不多幾年，改朝換代到民國，寶娟媽說起女兒的生年，就少不得來一句「這丫頭就是老佛爺和皇上駕崩那年生的」（胡蝶口述，劉慧琴整理：《胡蝶回憶錄》，臺灣聯合報社，1986年12月）。寶娟年方五歲，全家又作別上海，過起了長年累月奔波在京奉鐵路線上的生活，原因是胡少貢在姐夫的提攜下當上了京奉線的總稽查。

　　一家先是在天津住了一年，再遷居奉天的溝幫子，之後又是營口錦州等處。三年後重返天津，寶娟被送入當地天主教會辦的聖功女學初級班讀書，起了學名胡瑞華。再兩年，移居北京，住在西交民巷半壁街，就近入公立第一女子師範附屬小學肄業。1920年，胡少貢卸去舊職，另外擔任了廣東鹽務上的差使，一家落腳在廣州。一向被父母視為掌珠的瑞華則考進東山培道女校讀書，期間曾在校中遊園會登臺表演新劇，不久，又轉入公立第三高小。在瑞華看來，兒時的生活雖不固定，卻也極有樂趣，她接觸到各地的風土人情，多了份許多同齡孩子沒有的眼界見識，為了能在新環境中很快找到小朋友，她更是常常模仿當地人的口音，因此對語音很是敏感，這些磨練可說是為她日後的職業帶來了相當的便利。

1934年的胡蝶

1924年初，當胡瑞華隨同父母回到出生地上海，離開時的三口之家規模早已大大擴充。瑞華的母親呂氏出生在大家庭，沒有受過多少教育，卻很懂得處世為人，更是賢慧禮讓的舊式女子，因為只生得一個女兒，堅持要丈夫納妾。瑞華的庶母是規矩本分的旗下人，過門後生下四子一女，妻妾相處融洽，幾個孩子之間也甚是友愛。和胡家人共同生活的還有庶母的母親，瑞華叫她「姥姥」，更從她那裏學了一口京片子。

再回上海，幼時尚能嫻熟運用的上海話早在十二年的疏遠中慢慢淡忘，為此，已經辦理好轉學手續的瑞華只能閒在家中，預備學會滬語後再入務本女校讀書。空餘的時間裏，除了看看報紙雜誌，溫習溫習功課，瑞華唯一的消遣方法就是到影院去看電影，片子看得多了，也就漸漸對之發生了興趣。她記得自己第一次看到的國產片，是張織雲主演的《人心》，當時就頗受感動，其實瑞華自小喜歡聽父親講些父慈子孝、兄弟友愛、才子佳人的故事，怎能不

對國片情有獨鍾？「我那時候所看的影片，大都是國產電影，對於舶來片，則不甚喜歡，很少去看的」（胡蝶：《胡蝶自傳》，千秋出版社，1938年）。很多年後，她這樣回憶道。

興趣與日遞增，愛好也終於到了沉迷地步，那時，一個強烈的願望在瑞華的心裏紮了根——她要做一個電影演員。雖然沒有勇氣對父母直言，但細心的瑞華開始留意起報紙上的廣告，希望會有電影公司招收演員，因為對一個沒有門路關係又羞於毛遂自薦的少女來說，那似乎是踏進影圈的唯一途徑。功夫不負有心人，終於有一天，她在報上看到了中華電影學校的招考消息。那一刻瑞華欣喜莫名，當即預備報名，又生怕父母知道後阻止，便決定用個化名，起先想叫「胡琴」，轉念一想，胡琴整天讓人拉來拉去，她可不願意，胡來胡去地想了好幾個名字，終歸都不滿意，忽然靈感一閃——胡蝶。「『蝴』『胡』同音不同字，但還不錯，當個『蝴蝶』可以自由地飛來飛去」，（胡蝶口述，劉慧琴整理：《胡蝶回憶錄》）她年紀輕輕，志氣卻不小，要做蝴蝶自由飛翔，真是如花爛漫少年時，青春洋洋灑灑。

橫梳S頭，長墜耳環，圓角短襖配長裙，左襟戴一朵大花——考試那天，為了讓自己顯得老成一點，瑞華把自己打扮成少婦模樣。心情再緊張，也是思路清楚自有主張，這般有謀有略，豈可等閒視之。考試內容是自選動作，瑞華就在幾位主考官面前來回走了幾次，以不同的步子表示不同的內心活動，錄取名單不日見報，兩千餘人報名，一百多人中選，「胡蝶」兩字赫然在目。那份喜悅難以形容，雖說還不是上銀幕做演員，卻是向影圈進發的第一步：「我相信在對於電影有了相當的認識與修養之後，就比較容易地獲得機會了。」（胡蝶：

1934年的胡蝶

《胡蝶自傳》）當時她是這樣想。

不久學校寄來上課通知，瑞華知道不能再瞞著父母，便打定主意向家人合盤托出。原本以為多少會遇到阻力，誰知開明的父親在聽她說完自己的理想後反而露出喜悅的神情，表示了贊同，他鼓勵女兒說：「你既想在這上面創造你未來的前途，也是很好的，不過你得從好的方面學習，在藝術上求進取，而不是抱著一時高興的心理。」（胡蝶：《胡蝶自傳》）帶著父親的諄諄教誨，胡瑞華，不，胡蝶開始了她的銀色之旅，不管未來是春光明媚還是險阻艱難，她都要張開翅膀，向前方飛去。

銀海初聞雛鳳聲

中華電影學校由上海大戲院經理曾煥堂投資創辦，授課老師是當時影劇界的名人：洪深、陳壽蔭、汪煦昌、陸澹盦……課程安排也豐富多彩，凡影劇概論、電影攝影、導演、編劇、表演、化妝種種，均有涉獵。雖然原定六個月的

課程在上到五個月後學校便因故停辦，可這段寶貴的學習經歷卻讓胡蝶嚐到了舞臺表演的滋味，更為她種下了在電影圈不可或缺的人脈。

胡蝶1924年底走出學校，並沒有馬上獲得演戲的機會，直到1925年，才由大中華影片公司的陳壽蔭、陸潔介紹，在徐欣夫導演的《戰功》一片中擔任配角。雖是戲份不多的小角色，在初登銀幕的胡蝶卻也來之不易——只因她怕公司當局者對新人不信任，主動提出先行試拍三天的戲。為此，她事先在家中對著鏡子練習了許久，成敗關乎前途，不安可想而知，然而真到開演的那一天，鏡頭前的胡蝶竟自然而然地達到了一種忘我的境界：「事前萬分的恐懼竟逃之夭夭，當我演第一個鏡頭戲時，照著導演指示去做，忘去了是在做戲……」（胡蝶：《胡蝶自傳》）試映後，她的表演受到肯定，從而名正言順地加入了劇組。

拍完《戰功》，胡蝶有一陣子賦閒在家，不過那時她好歹已是出過頭露過臉的圈裏人，又多少結識了一些吃影戲飯的朋友，中國人辦事講交情，薦熟不薦生，果然，那些朋友中就有兩個幫了她的忙。一個是廣東同鄉林雪懷，也是電影演員，生得眉目清秀，標準的小生人才，主演過《採茶女》和《最後之良心》，他在一次聚會中認識了胡蝶，很快就被她綽約動人的風姿吸引。另一個則是在電影學校讀書時的同窗好友徐琴芳，她的男友陳鏗然當時剛創辦了一家友聯影片公司，開張第一片準備拍攝由同名舞臺劇改編的《秋扇怨》。片子正在籌備中，林雪懷是主要男演員之一，女二號則定下徐琴芳，唯有女主角因戲分相當吃重，一時找不到合適人選，關鍵時刻林雪懷極力推薦胡蝶，加上徐琴芳也對老同學熱心保舉，編導陳鏗然這才大膽決定起用新秀。

《秋扇怨》的舞臺劇上演時胡蝶曾去看過，對於女主角的表演已經有了些印象，但她知道電影和舞臺的表演方法有著相當的區別，加上她第一次擔任主演，且「生就的性格是要認認真真地做事，期望自己的表演能引起觀眾的共鳴」，因此，就她後來回憶：「那些日子，我幾乎日日夜夜沉浸在劇情的特殊環境裏。在攝影棚裏，我完全服從於導演的指揮，回到家裏則熟讀劇本，揣摩人物的性格，母親説我如癡如醉，常常自己悶在房間裏自言自語，有時哭有時笑。」（胡蝶口述，劉慧琴整理：《胡蝶回憶錄》）結果影片上映，胡蝶大獲贊許，有評論稱：「胡蝶女士之麗瓊，妙在得一『靜』字，秀媚入骨，楚楚可憐，頗合身世淒涼之怨婦，觀其婉辭卻婚，含怨難訴，一時珠淚暈眸，欲滴復咽，不禁黯然雪涕，麗瓊藝術之佳妙，即在此等處見功夫。據雲女士之淚，能於二分鐘內，自然流出，從不假助他物。」（懷麟：〈《秋扇怨》一瞥記〉，載《友聯特刊》第一期・〈《秋扇怨》號〉，1925年12月）雖然對該片胡蝶「自己並不認為滿意」（胡蝶：《胡蝶自傳》），但她那挾著深深梨渦的俏臉，畢竟是大跨步地進入了公眾視線。

　　胡蝶聲名乍起，又是沒有合約在身的自由演員，因此很快成為電影公司網羅的對象。新東家大名「天一」，老闆邵醉翁之前搞過文明戲，另有兄弟三人齊上陣，儼然家族企業。邵醉翁做事最講實際，一切以「生意眼」為考慮，出品但求熱鬧好看抓住小市民心理。胡蝶在公司三年多，一連拍戲三十多部，《夫妻之秘密》、《電影女明星》、《梁祝痛史》、《珍珠塔》、《百花台》、《義妖白蛇傳》、《孟姜女》、《孫行者大戰金錢豹》、《兒女英雄傳》、《觀音得

道》、《女律師》、《新茶花》、
《西遊記女兒國》、《鐵扇公主》、
《大俠白毛腿》……時裝片是衣香鬢
影，古裝片是神話哀情，堪稱馬不停
蹄。影片公司賺個缽滿盆滿，主角演
員混個你熟我熟，按說是名利雙收，
可胡蝶心裏明白，一旦成了演戲機
器，即便一直在磨練，表演者本身也
很難有進益，她總結自己在「天一」
時的經歷，說：「影片公司，為求出
片神速，用片經濟，一部片子有時十
幾天就可完成……一部戲剛演完，得
緊急演第二部戲，沒有相當修養的機
會……所以在三十多部戲中，可以說
真沒有幾部戲是成績比較稍為滿意
的。在我的自覺上。」（胡蝶：《胡蝶
自傳》）

　　凡事畢竟會有轉機，胡蝶在當時
的女演員中資質優異，早已獲得相
當的注意。那是1927年3月22日，胡
蝶在北四川路的月宮跳舞場舉行訂
婚禮，至於那位幸運的男士，正是因
《秋扇怨》一片而接觸頻繁漸生感情

1935年的胡蝶

51

的林雪懷。當天高朋滿座，一些電影公司也有代表到場祝賀，其中最惹眼的，要數明星影片公司張石川、鄭正秋、周劍雲——「三巨頭」齊齊到場，真是好大面子。胡蝶與三人一向並無交情，林雪懷也僅在「明星」演過一部《最後之良心》，公司高層熱心捧場，無非是藉機拉個交情，順帶拋出暗示，顯出他們的器重之心。

雖然胡蝶本人從演員的藝術生命考慮，早有離開之意，但她有長期合同在身，加之生性靦覥，又不好意思主動取消合約，因此一直留在「天一」，不過人算不如天算，1928年初，適逢舊東家改組，胡蝶就此脫身。原來天一影片公司於1927年和南洋商人陳畢霖開設的青年影片公司合資，更名為「天一青年影片公司」，所有演員也與「天一青年」重新簽定了合同，一年後陳畢霖下股，兩家公司拆夥，原有合約概需重新訂立，胡蝶因此婉拒了「天一」的續約請求，轉而加盟對她關注已久的「明星」。

晴空一鶴排雲上

明星影片公司，資本雄厚，人材濟濟，堪稱當時電影公司中的龍頭老大，旗下更有不少個性美女：宣景琳、丁子明、阮玲玉、趙靜霞……唯獨缺少正牌花旦挑大樑。如今胡蝶翩然而至，雪膚花貌，端靜謙和，立即被視為培養物件，進入公司第一片就是上、下兩集的大製作《白雲塔》。該片雖是根據陳冷血的流行小說改編，卻也是為胡蝶量身定制：「明星公司編製《白雲塔》之動機，起於胡蝶女士加入明星為演員之際。胡女士相貌昳麗，舉止安詳，以狀大家閨秀，於無

數女明星中，堪稱首選。易釵而弁，尤其玉樹臨風之致。於是輾轉葸求，乃決意攝製《白雲塔》使飾主角秋楓子（電影中改秋鳳子）。」（癡萍：〈我心目中之《白雲塔》〉，載《電影月報》第二期，1928年5月1日）該片男主角為當紅小生朱飛，「一代藝人」阮玲玉，在當時正處於演藝事業的前期，排名尚在胡蝶之後，屈居女二號。導演張石川，性格火暴，獨斷專行，公司不少演員見了他都有點「嚇牢牢」，拍攝《白雲塔》時候，態度隨便的朱飛每每把他氣得破口大罵，就連和朱飛對戲的阮玲玉也被捎帶上一起數落，惟有乖巧聽話的胡蝶蒙他另眼相待，不曾被他發過脾氣，因為雖然胡蝶「最初加入的時候，演技卻還幼稚得很」，但她「有一點特長，就是誠懇耐勞，對於事業有堅強的信心」（張石川：〈自我導演以來（續）〉，載《明星半月刊》第一卷第六期，1935年7月1日）。

　　胡蝶進入公司這年，明星公司另有一部片子票房連線飄紅——《火燒紅蓮寺》。影片根據平江不肖生的神怪武俠小說《江湖奇俠傳》改編，武打場面刀光劍影，波瀾壯闊，光臨時演員就有四百之多，故該片一出，賣座奇佳，在中央大戲院一連放映二十多天。公司賺了大錢，又見觀眾們意猶未盡，立時再接再厲推出第二集，以至二而三、三而四……一發不可收拾。胡蝶加入《火燒紅蓮寺》是從第三集開始，她在片中武功深不可測，江湖人稱「紅姑」，只是銀幕上看來飛簷走壁，上天入地，衣袂飄飄，瀟灑之致，實際演來可沒讓胡蝶吃苦懸心，吊鋼絲、鼓風機……演員就算活受罪，也要對著鏡頭微笑故作輕鬆狀。《火燒紅蓮寺》四年之內拍了十八集，儘管被輿論說成格調不高，卻是十十足足轟動一時，更在影壇掀起一陣武俠神怪颶

風，滬上大小公司你也「火燒」，我也「火燒」，大有把全中國古剎名山燒個片甲不留之勢。甘聯珠、金羅漢、常德慶、萬清和、陸小青、知圓和尚、柳遲、陳繼志……劇中高手成了全國人民的熟人，「紅姑」胡蝶更是人比名字還要紅，張石川拍完第四集，別出心裁地叫當時負責劇照塗色的顧友敏，將放映正片上的紅姑著成紅色，放映時只見胡蝶一襲紅衣，於一片黑、白、灰中傲然獨立，這更在無形中宣佈：「明星」頭牌者，捨胡蝶其誰！

　　人氣固然要緊，但沒有好片博得認可，不獨演員前途堪憂，連公司也會立腳不牢。張石川固然看中效益，另一位「巨頭」鄭正秋卻是典型的舊派文人，既愛鴛鴦胡蝶才子佳人，又重社會倫理仁義道德。也是1928年，上海出了樁反響很大的社會新聞——富家小姐黃慧如因和包車夫陸根榮日久生情，竟不顧主僕身份懸殊毅然與之私奔，黃家人憤而將陸訴諸法庭。由這個真實事件而來的影片《黃陸之愛》（上映後更名為《血淚黃花》）正是鄭正秋的大作，在他的妙手改編下，全片融愛情、婚姻、家庭和社會問題於一體，現實主義之下又帶著哀情色彩，更兼有一定的勵志成分，上映後很受好評，算是「明星」當時有別於武俠神怪風格的寫實代表作。而劇中女主角，賺盡一干女性觀眾熱淚的黃慧如，正是我們的胡蝶女士。該片之後，胡蝶則一鼓作氣，一連與鄭正秋合作了《碎琴樓》、《桃花湖》、《紅淚影》三部影片。三片男主角由童星出生的鄭正秋之子鄭小秋擔任，另有嬌憨活潑的新星夏佩珍作為女二號盡綠葉扶襯之力，這兩人加上核心演員胡蝶，正是當時明星公司力推的銀幕「鐵三角」。

三十年代初的上海影壇，幾家大公司經過一定年頭的生根發芽已然茁壯成長，正是你爭我奪、爭先恐後之時，同時，一場從無聲片到有聲片的技術革命正由大洋彼岸影響到了中國。中國的有聲片起步較晚，但一進入三十年代便漸漸有了種勢在必行的趨勢。1930年秋，明星公司搶先與上海百代公司合作，前後費時六月，收音五次，耗資十二萬元，終於打造出中國電影史上第一部蠟盤配音的有聲片《歌女紅牡丹》，上映後當即在影壇引起震動，不但本國觀眾趨之若鶩，更讓南洋片商聞風而動，單在菲律賓一地就賣出了一萬八千元的放映價，而同時期的默片售價，最高也不過二千元。毋庸置疑，能在中國影壇第一部聲片中留名的女主角，非胡蝶莫屬。拍攝有聲片，胡蝶還是頗有優勢的，她自小生活在北方，能說一口流利的國語，聲片興起後不少演員因為語言不過關而被淘汰，胡蝶則不存在這個問題。

1939年的胡蝶

別有憂愁暗恨生

　　從來人生無坦途，風頭正健的胡蝶也是少不了的磕磕絆絆，婚戀風波、家庭糾紛，普通人可以自己消化，凡此種種，明星卻要曝露在聚光燈下。1930年底，胡蝶正日夜趕工，演著那飽受丈夫凌虐卻始終不渝的紅牡丹，誰知戲如人生，現實中她的感情生活也有疾風驟雨襲來。

　　胡蝶、林雪懷訂婚將近三年，昔日的金童玉女在歲月的磨洗下已然走向不同的兩極，一頭是胡蝶扶搖直上平步青雲，一頭則是林雪懷每況愈下一事無成。一樣做過演員，主演影片甚至在胡蝶之前，林雪懷卻一直並無建樹，時人評論他「雖處重要之地位，而無特殊之表見」，又是「人謂其無演劇天材」。（懷麟：〈《秋扇怨》一瞥記〉，載《友聯特刊》第一期・〈《秋扇怨》號〉，1925年12月）棄影從商後，仍舊諸事不順，經營的一家點心店瀕臨倒閉，經濟上出現問題，不時要靠胡蝶接濟。未婚妻事業有成，萬丈光芒壓得他喘不過氣，加之胡蝶應酬頻繁，一干專登花邊新聞的小報又隔三差五地無端生事，已經心生自卑的林雪懷愈加變得疑神疑鬼，滿肚子苦悶要宣洩，於是乾脆自我放縱，肆意揮霍。

　　胡蝶雖然收入豐厚，但她素性生活節儉，且一家老小十餘人，全靠她一個供養，因此從不胡亂花錢，但對林雪懷的物質需求，卻是能滿足就儘量滿足，她出資三百八十兩白銀，為林雪懷購置了一輛小轎車供其代步，她為父親在四川路開了一家「胡蝶公司」從事商貿，就讓林雪懷關掉了難以維持的點心店，到公司就職。經濟上的支持不但

彌合不了兩人之間的裂痕，反而益發凸顯了彼此的差距，林雪懷的暴戾乖張終於變本加厲，到了為一些小報的不實報導當面斥責胡蝶的地步。1930年底，他委託兩名律師給胡蝶轉去斷絕書，在信中引用小報所載胡蝶的「風流韻事」，直斥其行為不檢，聲明要解除婚約。

1935年的胡蝶

生性厚道的胡蝶一直對林雪懷還抱有一絲幻想，希望他能悔過自新，再料不到他竟然拿些道聽塗說的事來作為恩斷義絕的藉口，給了她狠狠一擊，讓她難堪。但胡蝶是經濟獨立的職業女性，不是看多了舊戲固守著三從四德的紅牡丹，她頭腦清醒，明白當斷則斷，是時候抽身退步，於是聘請上海著名的律師詹紀鳳為她辦理解約事宜，並在律師的建議下向上海第一法院控告林雪懷無故解除婚約，同時索討林的借款。

從1931年2月28日第一次庭審到同年12月2月下午宣判，前後持續了一年的「雪蝶解約案」鬧得滿城風雨，大小報刊媒體則聞風而動，極盡報導之能事。胡蝶在此期間曾多次出庭，每每引

得法庭人滿為患，台前風光的電影明星不得不在眾目睽睽之下接受詢問，有時甚至還要回答一些非常私人的問題，這對一個女演員來說，傷害尤深。但道理畢竟在胡蝶一邊，她最終還是堅持下來，並贏得訴訟，重獲自由身。事後她坦言：「這件事曾在一段時間內在我心理上留下不愉快的陰影，也痛感到作為一個電影演員一定要潔身自愛，否則這個社會輿論，有的出於愛護，有的出於中傷，有的是捕風捉影，無中生有。輕則使人頹喪，重則使人沉淪輕生。」（胡蝶口述，劉慧琴整理：《胡蝶回憶錄》）

然而有時即便是潔身自愛，心懷惡意的造謠中傷者仍舊不會放過你。1931年9月，胡蝶隨劇組赴北平拍攝《自由之花》、《落霞孤鶩》、《啼笑因緣》三片的外景，全隊人馬尚在途中，日軍就在東北製造了「九‧一八」事變，誰知11月外景隊返回上海，等待著胡蝶的竟然是四起的流言和民眾的責難。原來當月20日的《時事新報》上刊登了廣西大學校長馬君武作的兩首打油詩，其一為：「趙四風流朱五狂，翩翩胡蝶最當行，溫柔鄉是英雄塚，那管東師入瀋陽。」矛頭直指張學良，暗指東北事變時張學良因忙於和胡蝶跳舞而根本無心國事。其實張胡共舞一事根本是居心叵測的日本人精心策劃製造的虛假新聞，用以轉嫁中國人民對日本侵略行徑的憤恨，不知情者就此中招，一時激於義憤，作詩諷刺，不少民眾更是信以為真，直指胡蝶為「紅顏禍水」。毀人名譽的不實攻擊，胡蝶之前並沒有少受，一開始時她還想和從前一樣對流言蜚語不予置辯，直至意識到問題的嚴重，只得在11月22日的《申報》上發表了義正辭嚴的〈胡蝶闢謠〉，同時，公司方面，和胡蝶同赴北平的外景隊成員也集體署名發表〈明星影

片公司張石川等啟事〉，以正民眾視聽。不過流言終究不能完全平息，和張學良共舞一事，紛紛擾擾半個多世紀後還有人提起，胡蝶何以始終處之淡然，不被傷及？只因她堅信：「清者自清，濁者自濁，一切自會水落石出，雨過天青。」（胡蝶口述，劉慧琴整理：《胡蝶回憶錄》）

春風得意馬蹄疾

胡蝶在「明星」五年，幾乎包辦了公司的一半出品，之前提到的幾部之外，更有《離婚》、《俠女救夫人》、《女偵探》、《富人的生活》、《爸爸愛媽媽》、《美人心》、《三箭之愛》、《鐵血青年》、《戰地歷險記》等片，她是當仁不讓的「明星」台柱，甚至在某種程度上成了公司的代言人，彼此相互倚仗，一損俱損，一榮俱榮。人紅身價高，公司開出的酬勞也是一漲再漲，那時胡蝶月薪兩千，實收一千，餘下部分片成後補齊，三十年代初期的物價，一擔（一百六十斤）上好的白米只賣七、八塊銀圓，七十多元錢可以買一兩黃金，一般小職員，二三十塊薪水的不希奇，兩千元不啻天文數字，不是公司錢多的沒處去，而是大明星值得這個價，「胡蝶主演」四字往電影海報上一打，絕對就是票房保障。

已然威風八面，仍有潛力可挖，1933年，胡蝶更是一日千里，春風得意。當年初始，有份《明星日報》創刊，老闆營銷策略學得好，發動選舉「電影皇后」，元旦日開始，2月28日截止，選票自然是在自家報紙上找。當時電影公司競爭已成白熱化，小公司零零星星難成氣候，上海影壇正是三大公司的天下：「聯華」打著復興國片的旗幟

拔地而起，出品清新健康很受一干進步青年和知識份子好評；「天一」繼續走娛樂路線，不賺虛名但求實惠照舊吸引小市民；「明星」牌子老信譽好，只是做派比較溫和保守，觀眾群也停留在一般中產階級。三大公司又各有當家花旦一名：「明星」的胡蝶，「聯華」的阮玲玉，「天一」的陳玉梅。「電影皇后」才得一人，自然是三大女星各有擁躉，影迷們互不相讓。一開始時三人票數接近，但阮玲玉隨即表示無意此類無聊之舉，於是其餘兩位你追我趕交替上升似考驗雙方耐力，最後幾天，陳玉梅得票忽然飆高一路領先，「天一」老板正自得意洋洋，不想胡蝶後勁十足，開票當日報收於二萬一千三百三十四票，陳玉梅終以一萬零二十八票敗下陣來，阮玲玉則以七千二百九十票位列第三。《明星日報》每份售價一分，加上寄票所需之郵費，「電影皇后」實值大洋四百餘，儘管有人調侃胡蝶這個皇后當得便宜，但不可否認，就胡蝶當年的顯赫名聲，「電影皇后」實至名歸。

　　規模盛大的影后加冕典禮於一個月後在大滬跳舞場舉行，大門上橫幅拉出「航空救國遊藝茶舞大會·慶賀胡蝶女士當選電影皇后」，門票一元一張。其時冠蓋雲集，大小明星也多有捧場，會上嘉賓表演助興，主辦方向胡蝶頒發「電影皇后證書」，全文駢四驪六，極盡頌揚之辭近乎肉麻，胡蝶則在答謝之後演唱安娥為大會特製的〈最後一聲〉：「親愛的先生，感謝你的殷勤，恕我心不寧，神不靜：這是我最後一聲；你對著這綠酒紅燈，也想到東北的怨鬼悲鳴？莫待明朝國破恨永存……」歌畢，手托禮帽下場募捐，共得現洋三百餘元，連同門票收入，全部捐助航空救國協會，用以購機抗日。事後，「明星日報社」又出《電影皇后》紀念冊一本，以資留念。

胡蝶晚年回憶當時情景説：「幾十年來，這個像遊戲之舉的稱號一直跟著我，這是觀眾對我的愛護，我自己卻不敢妄自稱大，所以至舉行所謂『加冕』禮時，我仍一再辭謝。」（胡蝶口述，劉慧琴整理：《胡蝶回憶錄》）無論如何，這個冠冕堂皇的稱號的確實實在在地深入了人心，在當時，它更是一個身份的象徵，有著特殊的意義，就算胡蝶本人不在乎，以胡蝶為號召，又自命影界老大的明星公司也不會不在乎。而另一個不爭的事實則是，胡蝶的聲譽也因此更上層樓，達到了無比尊榮的地步。開幕式、剪綵禮，她是被爭相邀請的對象；封面女郎、平面廣告，報刊雜誌上常見胡蝶的含蓄笑意；更有大大小小日用商品，概以「胡蝶」命名：香煙、唇膏、胭脂、雪花霜……英商中國肥皂公司發起力士香皂電影明星選舉，胡蝶力壓群芳，成為形象代言；好萊塢知名影人訪華，必有與胡蝶合拍的照片見報；凡有重大活動，一干女星列隊合影，毫無疑問，一概「皇后」居中……胡蝶在某種程度上成了「明星」的代名詞——這裏的「明星」，既可説成著名演員，也可説成明星公司。

有人説中國電影發展十數年，少不得要出幾個大明星，胡蝶不過應時而生，但天時之外，尚要看地利人合。走內心體驗派路線的阮玲玉不對「明星」的戲路，對導演不夠言聽計從而不得張石川的歡心，因此不受重用，轉投「聯華」後卻大放異彩被喻為演技最優的女明星；胡蝶認識到在「天一」的粗製濫造之下很難有所作為，因而改入「明星」，由此一飛沖天。説到底是良禽擇木，什麼樣的土壤適合什麼樣的種子，一毫偏差不得。「明星」高層喜歡勤懇聽話的演員，胡蝶就是典型，她自己回憶説：「……在拍電影時，我

總是服從導演的指導，主角也好，配角也好，我總是盡我自己的能力去演好分配給我的角色。」（胡蝶口述，劉慧琴整理：《胡蝶回憶錄》）在論及演員的義務和權利時，她還曾這樣寫道：「演員切勿先爭權利，必須先盡義務。」（胡蝶〈演員的義務與權利〉，載《〈歌女紅牡丹〉特刊》，1931年4月10日）身為大明星尚能如此虛心，難怪性格暴躁的張石川從未對她發過脾氣，被稱為「好好先生」的鄭正秋更把她叫作「乖小囡」。

　　不要以為只會服從導演就等於沒有演技，「電影皇后」畢竟不是浪得虛名，自1932年末開始，胡蝶就出演了一系列頗有影響的電影，如《狂流》、《脂粉市場》、《春水情波》、《鹽潮》等。那時明星公司正處轉型期，上兩年一部投資巨大的六集頭《啼笑因緣》，又是出外景，又是「雙胞案」鬧得沸沸揚揚，結果賣座不佳讓公司元氣大傷，高層們總結教訓，原來是時局有變，國愁家恨，道義兩肩，觀眾無心消受鴛鴦蝴蝶。「九‧一八」、「一‧二八」後全民抗日，總要有些風格寫實、積極向上的片子才能鼓舞人心。1932年夏，「明星三巨頭」在導演洪深的建議下吸收左翼作家夏衍、阿英和鄭伯奇（分別化名黃子布、張鳳吾、席耐芳）為公司編劇顧問，張石川、鄭正秋兩大導演也表下決心要走上前進之路。不久，夏衍編劇的《狂流》一片就隆重上映，該片是中國第一部左翼電影，以1931年長江水災為背景，胡蝶在片中飾演一個農村少女，但影片的現實意義大過演員本身的表現，她在其中的表演僅被評論稱為「稱職」（蘇鳳：〈新的良好的收穫〉，載《晨報》，1933年3月6日）。更值得一提的倒是《脂粉市場》，劇本是夏衍專門為胡蝶而寫，講述了一個職業女性自我覺醒並自強不

息的故事。劇中人陳翠芬可謂時代的新女性，堅強、獨立，和胡蝶本人的氣質頗為相似，在胡蝶演來是得心應手，她在片中念白流暢生動，表情自然真切，不愧為從影多年的老演員。

雖然得到了進步力量的好評，明星公司卻仍沒有扳回虧損的局面，小眾電影賺不到錢，歸根結底還是要走大眾化路線，要風格寫實，要反映貧富，要情節曲折，更要有煽情賣點，於是《姊妹花》應運而生。影片原名《貴人與犯人》，根據鄭正秋的同名舞臺劇改編，拍攝過程中更名為《姊妹花》，劇中胡蝶飾演性格和命運迥異的大寶、二寶姐妹二人。一人分飾兩角在胡蝶並非初次，兩年前她拍《啼笑因緣》，既演純真靦腆的鼓書姑娘沈鳳喜，又演浪漫摩登的大家閨秀何麗娜，表現不壞，此番再戰，自當更有心得。不過她也坦言：「……我過去一向演的都是善良的婦女，所以演大寶比較得心應手，演來也顯得真實自如；演二寶就比較難了，二寶的霸道、驕奢淫逸的作風就不太合我的戲路。」（胡蝶口述，劉慧琴整理：《胡蝶回憶錄》）話雖如此，卻絲毫不影響發揮，她把兩個角色塑造得個性鮮明，張馳有度，比之阮玲玉表演時的情感充沛，胡蝶則另有一種含蓄深沉，一如她的為人。1934年農曆新年，影片賀歲上映，立即轟動全城，觀摩熱潮盛況空前，前後連映六十一天，打破國產影片放映紀錄。日後人們說起《姊妹花》，也都眾口一詞，認為它是胡蝶的代表作。

此後一年中，胡蝶又連演《女兒經》、《美人心》、《三姐妹》、《麥夫人》、《路柳牆花》、《再生花》、《空谷蘭》幾片，是年中國福新煙草公司又發起了一次「1934年中國電影皇后競選」，胡蝶再拔頭籌，被時人稱為「老牌影后」。而同年《電聲》週刊發起

的明星選舉結果卻頗耐人尋味，在十個單項中，胡蝶獲得「最美麗的女明星」第一，在「我最愛慕的女明星」和「表演最佳的女明星」兩項中則排在阮玲玉之後位列第二。當時輿論和一般觀眾的普遍看法就是，胡蝶貌美，阮玲玉藝佳。客觀地說，胡、阮二人是各有千秋，論票房號召，可稱雙峰並峙，二水分流；論表演功力，胡蝶是稍有不如，略遜一籌；論社會影響，胡蝶則獨此一家，別無分號。

1935年初，正在拍攝《夜來香》的胡蝶收到蘇聯方面指名邀請，參加當年2月在莫斯科舉行的國際電影節。消息一經披露，不獨明星公司臉上有光，就連中國電影界也為之振奮。在全部中國電影代表團的一行七人中，胡蝶是演員的唯一代表，從2月21日出發，至年7月8日返滬，歷經俄、德、法、英、瑞、意六國，考察當地的電影事業，所到之處無不受到熱烈歡迎。胡蝶主演的《姊妹花》、《空谷蘭》兩片，還作為參展影片，在電影節上放映。歸國後，胡蝶將出訪途中所記的見聞和相關照片交付良友公司，出版為《胡蝶女士歐遊雜記》。

毫無疑問，1935年是胡蝶的收穫之年，這收穫不獨是個人的榮譽，更有一份家庭的溫馨，11月23日，胡蝶與相戀六年的潘有聲在上海九江路聖三一教堂舉行了隆重的婚禮，成為一時盛事。胡蝶和潘有聲相識在一次私人茶舞會上，其時潘有聲只是禮和洋行的普通雇員，據胡蝶回憶：「我和有聲認識了六年方始結婚，前四年我和他從未兩人單獨出去過。」（胡蝶口述，劉慧琴整理：《胡蝶回憶錄》）可以說，胡蝶這次對感情是相當謹慎的。潘有聲其人，雖相貌平平但身形挺拔氣質敦厚，更重要的是，「他是個幹事業的人，做事情紮紮實實，待人誠懇，講信用，肯動腦筋，肯鑽研」（胡蝶口述，劉慧琴整理：《胡

蝶回憶錄》）。當年的林雪懷是少年色嫩不牢靠，無情的教訓不可能不影響到胡蝶後來的選擇。婚後，在銀海波濤中翻滾了十年的胡蝶終於萌生了退意。1935年底，胡蝶與明星公司合同期滿，遂決意在完成還未開拍的《女權》後即不再續約，終因高層方面一再挽留盛情難卻，答應繼續留在「明星」，每年拍攝一部電影。一年後，胡蝶把《永遠的微笑》留在了銀幕上，這是她進入「明星」八年裏的最後一片。

生逢亂世運偏消

　　1937年，日軍發動全面侵華戰爭，胡蝶遂與赴港發展事業的潘有聲在香港定居，過起了夫唱婦隨的生活。但「電影皇后」盛名猶在，自然有電影公司找上門來向胡蝶邀片，到1941為止，雖說拍片不能算勤，但胡蝶仍有《胭脂淚》、《絕代佳人》、《孔雀東南飛》等幾部貢獻，更在由中國聯合影業公司群星合演的《家》中客串高家大小姐一角。

胡蝶和潘有聲結婚照

避居香港本是為求安寧，但亂世之中哪裡會有天堂，1941年12月25日，日軍佔領香港，在燒殺擄掠胡作非為之餘，更是別有用心地對一些在香港的文化名人進行拉攏，作為電影演員代表人物的胡蝶自然被牢牢鎖定在他們的視線中。不久，香港日軍報導部藝能班班長和久田幸助就幾次三番地不請自來，大做影后的「思想工作」，希望她能去東京做客，順便拍一部「保證毫無政治內容」的《胡蝶遊東京》。胡蝶心中清楚這完全是侵略者的幌子，便以有孕在身為藉口推脫，暫時穩住了和久田幸助，隨即設法聯繫抗日游擊隊，擇日逃離香港。1942年8月27日清晨，胡蝶全家裝作走親戚的模樣走出家門，由化裝好的游擊隊員接應帶路，整整走了一天一夜達到廣東惠陽，再坐車到曲江，並在當地度過了艱難的一年。隨著戰火慢慢逼近，胡蝶一家只得繼續顛沛流離，於1943年底輾轉到了重慶。

　　1944年，重慶的中央電影攝影廠籌拍描寫為抗戰修築鐵路的《建國之路》，導演吳永剛曾與胡蝶合作過《胭脂淚》，因此向她發出邀請，希望她能出任女主角。胡蝶欣然答應，不久即隨攝製組赴桂林攝製外景，誰知抵桂不久就遇上日軍向廣西進攻，地方當局發出「大疏散」的命令，全城大亂，外景隊只得中止拍攝加入逃難的人群，當時曾有記者在陽橋遇見胡蝶，「只見她身穿一件舊棉大衣，站立街頭，一臉沮喪」（蔣萍：〈影后胡蝶西南逃難記〉，載《貴州文史天地》1996年第4期，1996年7月）。從桂林回到重慶，這一路裏經歷的慘狀和艱辛讓胡蝶終生難忘，也讓胡蝶對人生有了更深的認識：「這一次遭遇，使我的生命有了極大的轉變，我發覺養尊處優的生活，不過是建築在虛無裏的一堵牆，一旦災禍臨頭，一夜之間人就會變成一無所有。因此

我從此深深體會到一個人應有節儉樸實的生活習慣，而且對名利也看得比以往淡泊。」（胡蝶口述，劉慧琴整理：《胡蝶回憶錄》）

在重慶的日子裏，另有一段苦衷，讓胡蝶一生都回避提及，那就是她曾被國民黨特務頭子戴笠霸佔一事。關於這段歷史，在她晚年出版的回憶錄中她這樣寫道：「有聲繼續經營，往來昆明、重慶間，除了日用品，醫藥用品，也兼做木材生意。隨著他也有很多社會應酬，關於這一段生活，也有很多傳言，而且以訛傳訛，成了有確鑿之據的事實，現在我已年近八十，心如止水，以我的年齡也算得高壽了，但仍感到人的一生其實是很短暫的，對於個人生活瑣事，雖有訛傳，也不必過於計較，緊要的是在民族大義的問題上不要含糊就可以了。」（胡蝶口述，劉慧琴整理：《胡蝶回憶錄》）寥寥幾句，一筆帶過，但知情者自可看出其中的無奈和顧左右而言他。一邊是掌握著生殺大權的統治者，一邊是手無寸鐵的弱女子，動盪年代裏，即便是顯赫一時的「電影皇后」也不能不為了全家人的安全考慮，她雖委屈全求，卻也不失原則，知道「緊要的是在民族大義的問題上不要含糊就可以了」。

「人生也似舞臺，悲劇也總有結束的時候，我自己在苦的時候常對我自己說，快了快了，演完苦的就會有快樂的來了。」（胡蝶口述，劉慧琴整理：《胡蝶回憶錄》）胡蝶曾經用這話來勸慰阮玲玉，更多次這樣勸慰自己。她們一樣經過波折坎坷，一樣有過無助關頭，但阮玲玉選擇輕生，胡蝶卻仍堅忍地活著。胡蝶較阮玲玉幸運之處，是她一直有著美滿的家庭作後盾，再者，也許仍是那句「性格決定命運」，胡蝶覺得自己的性格中有很多地方酷似「為人寬厚，性格開朗，愛開

玩笑，很有幽默感」的父親，並認為「幸虧是這種開朗的性格，幫助我度過了人生的坎坷」，加上她「長期受母親的薰陶，對任何事情都還能比較冷靜處之」，因此無論起落，她都能胸懷坦蕩一路走來。《啼笑因緣》的作者張恨水則這樣描述她：「胡蝶為人落落大方，一洗兒女之態，與客周旋，言語不著邊際，海上社會，奇幻百出……胡真情明練達之人哉，言其性格則深沉，機警爽利兼而有之，如與紅樓人物相比擬，則十之五六若寶釵，十之二三若襲人，十之一二若晴雯。」（《影戲年鑒》，1935年）世事洞明皆學問，豁達大氣如胡蝶，又怎會走不好人生這盤棋？

1945年8月，抗日戰爭勝利，那一刻，胡蝶深切體會到了杜甫「劍外忽聞收薊北，初聞涕淚滿衣裳」的心情。很快，她離渝返滬，在戴笠的安排下暫住在唐生明、徐來夫婦家。1946年3月17日，戴笠從青島乘專機赴滬轉渝，結果惡劣的天氣導致飛機在南京近郊失事，機上人員無一生還。據說戴笠此番執意要先到上海，為的是和胡蝶相會，此前他正著手安排他們的婚事。他的意外死亡讓胡蝶終於擺脫了一年多的惡夢，重新回到了愛人潘有聲的身邊。

試看雲淡風清處

胡蝶、潘有聲一家團聚後，因感到時局有變，遂決定仍回香港謀發展。返港後，胡蝶在拍攝《某夫人》、《春之夢》、《錦繡天堂》等片之餘，還和潘有聲共同經營著一家興華洋行，主要銷售「胡蝶牌」系列熱水瓶，生活頗為有聲有色。但好景不長，1952年，潘有

聲被查出患有肝癌晚期，不久就離開了人世。「有聲終於走了，離開我永遠永遠地走了，當我握著他的手，當手溫漸漸涼下來，當孩子們扶著我離開病房，我像失去了知覺似的。我沒有放聲痛哭，只是任由淚水不停地從眼眶裏湧出，我的心也在流血，就像心已被割成碎片一樣。」（胡蝶口述，劉慧琴整理：《胡蝶回憶錄》）

丈夫逝世後，胡蝶不得不將已經出現經營問題的洋行轉讓，獨自擔起了撫育一雙兒女的重任。1959年，胡蝶重回闊別已久的影壇，加入香港邵氏公司。江山代有才人出，將近十年沒有拍戲的胡蝶深知此時的電影界早已是年輕人的天下，她並沒有把自己當成萬人之上的「電影皇后」，而是很理智地認為：「在現實的生活是這樣，在舞臺上也是這樣，不能永遠是主角，年紀大了，就要演適合於自己年齡身份的角色。」（胡蝶口述，劉慧琴整理：《胡蝶回憶錄》）心態之佳，氣度之廣，實屬難得。她接連在《街童》、《兩代女性》、《後門》、《苦兒流浪記》《孝道》、《慈母千秋》、《母愛》、《萬里尋親記》、《恩重如山》等片中出任主要或次要角色，其中李翰祥導演的《後門》一片，榮獲1960年在日本東京舉行的第七屆亞洲影展的最佳影片，胡蝶則憑藉在片中的精彩表現得到了最佳女主角這一大獎。

1966年，胡蝶在臺灣拍完《明月幾時圓》、《塔裡的女人》兩片後正式息影。同年，她與因《明月幾時圓》一片而結緣的臺灣地產商宋坤芳結婚，這位中年男子，當年也是胡蝶的忠實影迷。1975年，宋坤芳病逝，胡蝶從臺灣移居加拿大溫哥華，先是和兒子、媳婦生活在一起，繼而搬到更為熱鬧的市區，公寓靠海，環境優美。她過著早睡

早起的有規律的生活，晴朗的日子裏她會下樓到海邊散步，把隨身攜帶的爆米花和花生米拋給覓食的鴿子和松鼠，在自然包圍中享受著別樣的寧靜。那時她已不叫「胡蝶」，而是用著「潘寶娟」的名字，像是一切又回到起點，但畢竟已不全是原原本本的從前。不久，她在社區英語學習班裏結識了代課老師劉慧琴，兩人相談甚歡，成為忘年之交。1986年，臺灣金馬獎評獎委員會授予胡蝶金馬獎，以此表彰她對電影事業做出的傑出貢獻。也就在這一年底，由胡蝶口述、劉慧琴整理的《胡蝶回憶錄》由臺灣聯合報社出版。

「她常說：『退出電影的舞臺，但未退出生活，在人生的舞臺上，我也得要演好我的角色。』她將『人生如戲，戲如人生』兩者融合在一起，她實在是個天生的演員。」（劉慧琴：《記胡蝶》，載胡蝶口述，劉慧琴整理：《胡蝶回憶錄》，聯合報社，1986年12月）她是個天生的演員，就連留給這世界的最後一句話也好像詩意化的臺詞，美得不太真實，她說：「胡蝶要飛走了。」傳奇般的告別，一如她傳奇般的人生，她姍姍而來，又翩翩而去，留下的，是飛過滄海的絢爛。

「電影皇后」胡蝶離開的日子，是1989年4月23日。

徐來

幸福向左，美人向右

民國影壇薈萃美人無數，胡蝶的端莊、阮玲玉的嫵媚、袁美雲的清麗、黎莉莉的健美，無不領一時之風騷。然而縱有千般佳麗競相爭豔，卻只有一位「標準美人」——容貌秀美、體態婀娜、長袖善舞的「標準美人」徐來。且不論這稱號是否有過譽的成分，美麗與否本就見仁見智，何況還要加上標準二字，更是說不清了。但徐來倒確實乘著美麗的翅膀躍上了明星的寶座，處女作《殘春》中出浴一幕，軟玉溫馨，柔情若水，立時吸引了大批觀眾，成為一顆光彩奪目的新星，還有好事者聞風而動，給她加冕「標準美人」桂冠。但其實她從影時間不過三年，所拍電影並不多，除了在最後一部《船家女》中有著優異表現，甚至一直以「表情呆板」為人詬病。然而明星，有時只要美麗就已足矣，只是「自古紅顏多薄命」，徐來的一生兜兜轉轉，也終究逃不開這句老話。美麗，成就了她在銀幕上的剎那絢爛，卻給不了她生活中的終身幸福。

天生麗質難自棄

　　自古以來，提及美人的出生，大凡總會帶些辛酸的坎坷，徐來也不例外。她原名徐潔鳳，1909年生於上海南市一個小戶商人家庭，父親經營一家專門賣秤的店鋪。雖也是個生意人，可是店小利薄，收入只夠糊口。由於家貧，徐潔鳳幼年失學在家料理店務，13歲時還去蛋廠做工補貼家用。後來秤店生意興隆，家境轉好，她才能入學讀書，並漸漸對歌舞發生了興趣。1927年徐潔鳳考入黎錦暉主持的中華歌舞

專修學校，專習歌舞，畢業後加入中華歌舞團（後改組為明月歌舞團），並隨團到國內各地和南洋一帶演出。明月歌舞團是中國最早的營業性歌舞團體之一，以上演新型的通俗歌舞劇為主，曾先後培養出王人美、黎莉莉、薛玲仙等一波歌舞明星，尤其在南洋一帶頗具影響。

徐潔鳳的歌技舞藝均無甚突出之處，然而隨著歌舞團輾轉各地進行巡演，她的另一項才能漸漸得以展露。團長黎錦暉為演出籌措事宜，應酬繁多，經常要和當地知名之士、富賈之流打交道，有時也會隨帶團員一同赴宴。此時的徐潔鳳日漸長大，耳濡目染間，對這一番交際寒暄的規矩嫺熟於胸，「偶有應酬，表現手腕不弱」。（龔稼農〈「明星」新星徐來〉，載文星書店股份有限公司出版《龔稼農從影回憶錄》1967年版）黎錦暉見她有此等長處，人又長得漂亮，很是憐愛，便給她取了一個風雅的新名字——徐來，既含「清風徐來」之意，又暗合明月歌舞團之「明月」二字，還時常帶她出席各種宴會，極盡提攜之意，後來更是將歌舞團中一切繁雜瑣事一併交由她來處理。徐來年紀雖輕，做起事來卻毫不含糊，全團上上下下幾十號人，衣食住行各種問題，她都能安排得井井有條。日後她回憶起這段生活也不覺辛苦，只感舒暢，因為明月歌舞團成員多是一些年輕女孩，「在一群天真無邪的少女中工作，只要真誠相對，事情很好辦。」（蕭果〈徐來〉，載廣東人民出版社出版《中國早期影星》1987年版）

黎錦暉有這樣一個好幫手，自是非常滿意，朝夕相處間，兩人漸生情愫，黎為徐的風采所傾倒，徐則感激他的知遇之恩，雖然年齡差距十八有餘，卻還是頂住外界的閒言碎語於1930年在上海一品香舉行

徐來在殘春中的出浴鏡頭

婚禮，婚後不久育有一女小鳳，過起了幸福的家庭生活。

黎錦暉作為明月歌舞團團長，在娛樂界頗有聲望，和社會各界名流都有所往來，徐來藉他的名望得以頻繁出入交際場所，她容貌氣度俱佳，又善於應酬，漸漸在社交圈中嶄露頭角，豔名鼎盛。這名聲也引起了電影界人士的關注，明星影片公司的負責人之一周劍雲看中了徐來的美貌外形，認為加以培養宣傳，日後必能成為公司的一棵搖錢樹，便邀她投身電影圈。

1932年，徐來加入明星電影公司，次年主演第一部影片《殘春》，講述一個富商的妻子因獨守空房而紅杏出牆的故事。這部影片嚴格說來並非佳作，從內容到藝術均很一般，但卻很好地展現了徐來的美豔姿色與不俗氣質，其中更有「徐來出浴」的鏡頭，引來轟動話題，觀眾爭相觀看，影片很是賣座，徐來因此一舉成名。此後更是接連主演或參演了《華山豔史》、《路柳牆花》、《到西北去》、《女兒經》、

《落花時節》等多部影片，塑造了各種不同性格的女性形象，奠定了其一線女星的地位。

徐來進入電影圈後，給人印象極佳，她「處人甚為謙和有禮，雖對片場小工亦談笑風生，走路嬝娜多姿，確有清風徐來之感」。（龔稼農〈第一個有女秘書的影星徐來〉，載文星書店股份有限公司出版《龔稼農從影回憶錄》1967年版）影迷們更覺得她平易親近，常常寫信給她，由於影迷來信太多，她請一位私人女秘書幫助處理信件，她也因此成為早期影星中第一個聘用女秘書的人，後來她有了私人汽車，是繼楊耐梅之後第二個擁有私人汽車的女明星。

1934年的徐來

商女不知亡國恨

徐來，一個甫入影壇的新人，在銀幕上不見有深刻的演技和動人的表情，但是憑著天生麗質，她在電影圈和社交界大出風頭，走到哪裡都是人們目光所聚、議論所集的大明星。然而這「標準

美人」的光環，不僅為她贏得了「美名」，同時也為她的生活帶來了名聲之累。

首先就是來自同行女演員背後的冷嘲熱諷，說她「笨得很；拍起戲來一點表情都做不出來的。真所謂，聰敏臉孔笨肚腸。」（畫徒〈替徐來畫像〉，載1936年7月1日《電影畫報》第31期）這話怎麼聽都透著股酸味。也難怪，別的演員要想成為大明星，都是從跑龍套、小配角一點點做起，慢慢地才混出點名堂，徐來卻是剛涉足影壇就擔任女主角，而且賣座成績居然不錯，立時吸引了大批影迷觀眾，如此一步登天怎能不招人嫉妒？更何況徐來自投身電影圈後，一直抱著玩票的心態，不但沒有在藝術雕琢上下苦功夫，反而是藉著電影明星的頭銜更加頻繁地出入交際場所。幾部影片拍下來，演技依然不見長進。如此態度對待電影藝術事業，怎能不讓人詬病？

眼見著周圍罵聲四起，想到影壇人事之複雜，而自己在表演上又無甚過人的天賦，徐來漸漸萌生了退隱之意。然而在退出之前，她卻想要揚眉吐氣一番，拍一部值得稱道的影片，證明自己並非全憑漂亮外表維持影壇名聲，這部戲就是《船家女》。也算徐來幸運，遇到了一位藝術修養深厚、拍戲認真嚴謹的好導演沈西苓。沈西苓後來編導的《十字街頭》成為電影史上的名作，但當時的他還只是明星影片公司一個鬱鬱不得志的青年導演，雖已編導過《女性的吶喊》、《鄉愁》等片，但票房不見好，在公司也得不到重用。然而他追求文藝氣息，思索社會問題的個人風格在那時已顯露無遺，影片《船家女》描寫西湖畔一個搖船姑娘被一群公子惡少迫害玩弄，最終淪為妓女的悲劇，畫面綺麗優美，歌曲悠揚動聽，甜蜜的愛情故事與絕望的社會

現實同時穿插並行，緊緊扣住觀眾的心。徐來出任女主角阿玲，雖然對於飾演此類底層女性，她沒有什麼經驗，但幸好沈西苓很有耐心，「對一個鏡頭裏的表情動作，都細細地教給她，試過幾次等到成了才開拍。」（畫徒〈替徐來畫像〉）加之自己用心體會，不斷揣摩，演出成績比前幾部影片有了明顯的進步，受到觀眾讚賞。

　　然而就在這部影片上映獲得好評，平息了外界對她演技的質疑後不久，另一輪更猛烈的口誅筆伐卻向她洶湧襲來，這一次則是為了徐來舉行「標準美人」加冠典禮的事情。其實徐來「標準美人」的稱號由來已久，早在明月歌舞團時代，天津的《北洋畫報》就送了她一個「東方標準美人」的雅號。不過是個叫著上口的稱呼，也沒人認真在意。不想，自徐來加入影壇後，聲名日盛，及至1935年，竟有一般捧她之輩策劃舉辦典禮正式為她加冕「標準美人」桂冠，一則為搏美人歡心，二則更可坐收漁翁之利。典禮規格極盡奢華，定於1935年8月22日至24日連慶三天，借維也納花園舞廳為會場，還聘請三大歌星白虹、周璇、汪曼傑前來助陣表演。消息一經傳出，立刻受到各方群起而攻之。有報載文〈為徐來加冠典禮告全國二萬萬女同胞書〉，認為「她要做標準美人，無論在資格上與手續上，都是自欺欺人淆感觀聽的，不過藉『標準美人』的手段來擾亂社會欺人斂財而已」。（〈徐來加冠典禮特輯〉，載1935年8月25日《電影新聞》第1卷第8期）更有人批評她「在這種外侮日逼，內亂未已，災患頻來的今日，還要不顧一切來上這麼一套『喪心病狂』的把戲，真是商女不知亡國恨，隔江猶唱後庭花」。（劍塵〈徐來加冠底檢討〉，載1935年9月15日《電影畫報》第24期）迫於各界社會壓力，社會局於8月22日下令停止舉行「加冠典

1935年的徐來

禮」，經過主辦者的全力疏通，又顧及已經買票的觀眾的情緒，最後才得以照常進行。

待這場風波平息過後，徐來還發表過〈表「加冠」〉一文，細述事件前因後果，力證自己清白無辜，還以「既往不咎，何必重提？問心無愧，無庸表白」（徐來〈表「加冠」〉，載1935年10月10日《電影生活》第4期）十六個字作為對整個事件的應付之辭。平心而論，「加冠」一事責任不全在徐來，這原不是她的主意，她也不過是被一般捧客架於前臺的傀儡而已，如此矛頭直指，厲聲斥責的確有失公允。只是作為一個知名電影演員，她不在表演藝術上鞭策自己，反而在虛榮心的慫恿下甘心為人擺佈，確實有些說不過去。前塵俱往矣，時至今日孰是孰非早就難以辨清，只能感慨樹大招風，既負「標準美人」之盛名，又豈能逃脫「人言可畏」的美人宿命？

自古紅顏多薄命

影壇從來都是是非之地，能把你捧上天，也能把你罵得一文不名。自徐來投身影壇後，轉眼已三年有餘，雖然聲名日盛，她卻越來越感到不堪重負。1935年，阮玲玉自殺的死訊震驚影壇，也觸及了徐來的神經，自此她心裏彷彿就多了個結，漸漸地有了退出影壇的念頭。而後的一番「加冠典禮」風波，則更讓她感到心灰意冷，下定決心從此息影，並開始著手處理與明星影片公司的解約事宜。然而就在她慢慢淡出銀幕生涯之時，家庭危機也不期而至，她和黎錦暉六年的夫妻情緣終因裂痕日深而走到盡頭。

徐來喜歡跳舞，喜歡熱鬧，喜歡成為人群中的焦點，她時常出入舞場等交際之所，與多位官場高層來往密切，很多人為其風采所傾慕，拜倒在石榴裙下。大明星的一舉一動本來就容易招惹是非，何況是已嫁為人婦的徐來，流言蜚語漸漸聚攏包圍了她。丈夫黎錦暉

1935年的徐來

徐來與她的女兒合影

比徐來大18歲，年齡差距所形成的隔閡或多或少一直存在；加之非議困擾，關係更是日益惡化。而另一個更直接的原因，則是女兒小鳳的夭折，這對本已身心俱疲的徐來而言無疑雪上加霜，一下子讓她的心沉到谷底。「小鳳的殤把徐來一顆心也刺傷了！她對一切都灰心了，悲觀了。」（畫徒〈替徐來畫像〉）在萬般痛苦中，她強顏歡笑，加快辦理離婚、解約手續，和往日的一切訣別。1936年夏，徐來搬出了一直居住的蝶村，離開了領她進入文藝圈的黎錦暉，退出了使她名聲斐然的影壇，開始自己全新的生活。

此後不久，徐來便嫁給了她的第二任丈夫唐生明。唐生明家世背景顯赫，其父是富甲一方的大地主，其兄唐生智是國民黨高級將領，而其本人曾入黃埔軍校第四期學習，是湘籍風雲人物。如此郎才女貌，原本也該算是金玉良緣，不想最終卻因為唐生明在歷史上的一段冤假錯案而遭致無盡苦難。

抗戰時期唐生明作為國民黨高官，攜妻徐來至上海投靠汪偽，與日本人頗多合作。如此舉動無疑被認為是大漢奸，為人詬病，直到最近還有人撰文指摘唐生明在這一時期的「不齒」之舉。

抗戰勝利後，唐生明戰時身份才披露出來，他其實是重慶方面派到上海的臥底，秘密打入汪偽政府從事地下情報工作。為了假戲真做，迷惑敵人，其兄唐生智將軍還公開在報上發表聲明與他脫離關係。唐父是大地主，湖南東安有名的「唐半城」，唐生明一貫生活講究，出手闊綽，為獲取日本人信任，他在南京、上海結交親日權貴，更是揮金如土，行事招搖，愛國人士見之尤為憤恨。徐來作為唐生明的妻子，一直陪伴左右，和唐生明一樣，背負著罵名，又絲毫不能洩漏絕密重要的任務，夫妻倆受了諸多委屈。以前曾是眾人仰慕的大明星，這時為了民族大義身陷敵巢，敢於捨身掩護唐生明，徐來之所為是讓人欽佩的。

退出影壇後，徐來和丈夫唐生明住在上海，40年代末遷居香港，1956年底他們夫婦攜同子女到北京定居。文化大革命爆發後，因從影期間徐來和江青（當時的女演員藍蘋）多有共事，加之唐生明曾經的「漢奸」行徑，她和丈夫一同被捕。1973年，不幸在獄中被折磨致死。「自古紅顏多薄命」，「標準美人」美麗了一生，最終也不過化為塵土，一腔冤魂無處訴，可憐可歎。

阮玲玉

玲瓏玉　泣血花

她是吳永剛眼中「感光最快的底片」，梅蘭芳稱她為中國的「瑪麗·碧福」（Mary Pickford）；她在二十五歲韶華極盛之年結束了自己的生命，三十萬人為她送行；傳世的膠片裹封存著她用靈魂抒寫的憂傷，藝術魅力歷久彌新；多少年風雨更替，她都是影迷們心中的「玲瓏美玉」，「一代藝人」的稱號只屬於她。

她就是阮玲玉，中國影壇永不褪色的神話。

掛名的夫妻

1926年3月的一天上午，一位面帶羞澀的少女款款走入明星電影公司第四組導演辦公室，正是前一天，滬上幾家主要報紙都刊出了明星公司招考《掛名的夫妻》一片女主角的廣告。少女的穿著不算華麗，但容貌清秀，身腰嫋娜，別有一種楚楚可人的綽約之姿。主考官是影片的導演卜萬蒼，因為少女是第一位來應考的，所以他的問話也格外

1931年的阮玲玉

仔細，一邊問還一邊留意她答話的神情。大約二十分鐘之後，他就當機立斷地做出了決定：錄取！「她像有永遠抒發不盡的憂傷，令人憐愛！是個好的悲劇演員。」（龔稼農：《龔稼農從影回憶錄》，文星書店股份有限公司，1967年4月）卜導演對身旁工作人員說，彷彿發現了一顆明珠——也只有在很多年後的人們才會恍然若失，正是那「抒發不盡的憂傷」，將少女的命運指向了一個輝煌而又短暫的所在——那天，辦公室外盛開的桃花飄來陣陣的芳香，這一點，該片男主角之一龔稼農在數十年之後還清楚地記得。

　　她叫阮鳳根，1910年4月26日出生在上海朱家橋祥安里的一間狹窄的小屋內。父親阮用榮當時已年近四十，原籍廣東香山縣左步頭鄉，少時父母雙亡，又因家鄉連年災荒，於是在清光緒年間隨親戚流落到上海謀生，做過碼頭扛夫、花匠，終於又在英商亞細亞火油棧機器部當上一名小工，三十歲後方才結婚，妻子也是廣東人，姓何，小名阿英。中年得女，加上早年生的大女兒不久之後即告夭折，阮用榮對這唯一的孩子自然疼愛有加，只是慈愛的父親留給鳳根的印象實在很難稱得上清晰，因為他病逝的那年，她才六歲。幼年喪父讓她不得不跟著以幫傭為生的母親過起了寄人籬下的生活，一個下人的女兒，身份低微自不待言，更要為此嘗到多少冷眼和輕謾。一半是天性使然，一半是環境所限，鳳根小小年紀就表現出一種與眾不同的安靜，她不愛與其他孩子嬉戲，喜歡一個人靜靜地坐著，且很愛乾淨，雖然只有簡裝素服，但「一衣一履，必整潔稱體」（〈阮玲玉女士小傳〉載《聯華畫報》，第五卷第十七期，1935年4月1日）。她自重自珍，不願被人輕視，自小如此。九歲那年，她被母親送去崇德女校念書，學名叫

作阮玉英。讀書這回事，在當時就一個傭人的女兒來說，的確並不多見。「萬般皆下品，唯有讀書高」，阮母這麼做，也許是不願意讓聰明伶俐的鳳根和她一樣一生都勞碌在社會的底層，貧寒的出生無法改變，但知識卻是希望的敲門磚。從小學到中學，這一讀，就是七年。學校教育讓鳳根不僅學會了讀書寫字，當時女校普遍推崇的豐富文藝活動更是讓她備受薰陶，十六歲那年，她即被選中在學校舉行的遊藝會上登臺，玉貌朱喉，藝驚四座，已然顯現出特別的天賦。鳳根或許從來不曾想到過，表演會成為她一生的事業，而那萬眾矚目光芒四射的舞臺竟然要她用死亡來謝幕。

再次踏進明星公司的大門，阮鳳根也好，阮玉英也罷，都已成為過去式，現在的她，已經有了個更好聽的藝名——阮玲玉。然而畢竟萬事開頭難，進了片場後的第一場戲就差點斷送了阮玲玉的演藝之路。這場戲拍的是她和劇中她那有名無實的傻丈夫在客廳裏閒談，論理，這戲實屬平常，在導演卜萬蒼也許還有讓演員由簡單開始漸入佳境的意思，誰知阮玲玉因為頭一回在開麥拉前表演，竟然僵得手足無措，並且一連幾場戲都進入不了狀態，讓在一旁監督的公司老闆張石川大為不滿，就連當初對她極口稱讚的卜導演也幾乎懷疑自己看走了眼，想要換人。就在這時，一旁的演員湯傑靈機一動，建議先拍女主角為死去丈夫守靈的那一段容易激發感情的悲苦戲，並自告奮勇指導排演。卜導演抱著試試看的心情答應了這一提議，結果一俟正式開拍，阮玲玉果然用她淋漓盡致的悲傷打動了在場的每一個人。只是他們都不知道，在演這一場戲的時候，她的悲傷是那麼真實，真實到幾乎與做戲無關；他們更不知道，當時年方十七

的阮玲玉已經草率地和別人實行了同居，沒有名分，也沒有婚姻。

那時她涉世未深，意志也還薄弱，多少懷著點少女天真浪漫的情懷，當戴著黑邊眼鏡，外表敦厚斯文的昔日東家少爺張達民出現在她面前，對她說著甜言蜜語的時候，愛情似乎真的來了；又彷彿帶著點對陳舊的階級觀念的抗爭，她沒有多考慮後果就和他走到了一起。在這閃電般結合之後她才發現，張達民並沒有看去的那麼老實誠懇，他喜好遊樂，嗜賭成性，毫無腳踏實地的進取之心，只是這一切似乎知道得太遲了。如果說戲如人生，不知她是否也隱隱覺到了某種刺痛的暗示，那位在靈前痛哭著的少婦，是哀悼包辦婚姻之不幸的劇中人史妙文？還是一樣所託非人的阮玲玉她自己？這又有什麼不同呢，他們都不過是「掛名的夫妻」罷了。

讓人欣慰的是，阮玲玉憑藉她在處女作中讓卜萬蒼高興得把劇本拋向半空，大呼發現天才的演出。她一舉成名，並與明星公司正式簽定演員合同，月薪四十元。

1934年的阮玲玉

寒潭未濟的耐受

　　當時曾有評論譏諷過中國影壇只要演員一登銀幕就被稱為「明星」的荒唐，但阮玲玉確乎算是成了名，照片被放上了電影刊物，輕顰淺笑的倩影也教城中一干電影迷們慢慢上了心，可是距離大紅大紫還是有著相當的距離，當時滬上挨一挨二的女明星，前有正在淡出的張織雲、王漢倫，如日中天的則是楊耐梅、宣景琳，之後更是新人輩出，不可枚舉。加上時值國片初創時期，無論是電影理論還是電影技術，都較為落後和潦草，劇本荒更是由來的問題，因此儘管阮玲玉在加入明星公司後的不到兩年中拍攝了《楊小真》、《血淚碑》、《蔡狀元建造洛陽橋》等片，卻仍舊處於半紅不紫的狀態，就表演上論，也並無多大建樹。當時的電影演員大多沒有受過系統的表演訓練，演戲或模仿歐美電影上的表演，或憑直覺隨性而發，導致矯揉造作的演員不少，類型化的演員更多。就明星公司來說，楊耐梅總是出演一些潑辣放浪的女子，宣景琳最適合善良嫵媚的少婦，嬌憨活潑的少女屬於冉冉升起的新星夏佩珍，至於那憂傷悲苦，就由弱質纖纖的丁子明去抒發了，阮玲玉反倒落了個定位不清，大家閨秀也演，寒酸小妹也扮，連狠心惡姐都飾過，就是演來演去，大多只是女二號。

　　1928年，女演員胡蝶的加盟更是把原本就不寬敞的女一號地界擠得人插不進腳。胡蝶原屬天一公司，出道較早，在影界已頗有名氣，她端莊嫻雅，華貴天成，一笑更是梨渦動人，為人處事又四平八穩，加上工作態度誠懇耐勞，一入「明星」即為主要負責人鄭正秋、張石川等賞識，成為公司力捧的對象。胡蝶在「明星」的第一聲就是一部

上、下兩集的大片《白雲塔》，她被欽點為溫柔善良的女一號秋鳳子，男主角鎖定的是當紅小生朱飛，女二號蒲綠姬則輪到了阮玲玉頭上。女二號就女二號吧，可這女二號偏是個心中藏奸自私狠毒角色，無論阮玲玉有多麼熱愛表演，天生自愛地想要做個好人的她打心底裏是抗拒這一類姦婦歹人的，並且，她還真的學不像。胡蝶回憶當時的情形說：「玲玉其實是擅長演正角悲劇的，她對這個反派女角並不喜歡，也不理解，記得張石川在導演時要玲玉『臉上要有虛偽的假笑，心裏要十分惡毒』，可是玲玉總演不好，連我在一旁都十分同情她，因為她天性善良，這實在是難為她。」（胡蝶口述，劉慧琴整理：《胡蝶回憶錄》，臺灣聯合報社，1986年12月）大概是阮玲玉風流婀娜的體態和懾人魂魄的眼睛讓導演張石川覺得她應該能演出蒲綠姬的妖豔好勝，他看不到的是阮玲玉「在台底下是一位質樸溫柔，沒有什麼稜角的少女，說話不多，舉止隨和，從來不喜歡出頭露面」（秦瘦鷗：〈記少年遊侶阮玲玉〉載《藝術世界》，1985年第二期）。一半是表演上的不如意，一半是男主角朱飛拍戲時輕佻隨便的態度讓張石川相當不滿，以至遷怒於與朱飛配戲的阮玲玉，這一部戲，阮玲玉演得心情低落。她在事業上是陷入了低谷，《梅林緣》一片，她雖有幸出任女主角，卻因為男主角朱飛存心剃光頭和導演張石川作對，從而導致了影片的中途停拍。自此，阮玲玉在明星公司的境遇每況愈下，甚至到了無戲可拍的地步。

其實就算有戲可拍，對阮玲玉來說也未必是件好事，就在這一年，明星公司的《火燒紅蓮寺》將國片市場的武俠神怪風一把火點熱，從此大有欲罷不能之勢。在這雙重壓力之下，阮玲玉不能不為自己打算將

阮玲玉與女兒小玉在一起
（1933）

來。又是一則演員招考啟事為她指引了方向，這一次，她成功地自薦為大中華百合影片公司的演員。只是機緣時運強求不來，想要修成正果，她仍有一段寒潭未濟的等待，中國影壇的大環境已然那樣地不好，大中華百合公司自然不可能成為想像中能一伸拳腳的地方。這樣的耐受，又是將近兩年，好在有片可拍的日子，大抵是不會慢似煎熬的，《劫後孤鴻》、《情欲寶鑒》、《九龍山》、《珍珠冠》、《銀幕之花》、《婦人心》……這一系列在戀愛糾紛和盜俠糾葛中收收散散的時裝劇，註定只能成為阮玲玉電影作品單中的幾個字元。但磨礪總還是有的，演技這東西，天分之外，閱歷和實踐都是關鍵。

要說這幾年間還有哪些大事，那便是張達民的父親去世，樹倒猢猻散，一眾子嗣分畢家產便各自營生互不相干，張達民所得部分雖也有兩萬元之巨，但他不務正業，揮金如土，更喜作豪賭，那點錢很快就坐吃山空。阮玲玉受的是學堂教育，骨子裏卻仍是從一而終的舊

式女子，只要張達民尚有一二可取之處，就算滿懷幽怨，她還是會對他不離不棄，更何況她敏感、脆弱，害怕被人傷更不會去傷人。她自己有一份薪水，就算張達民山窮水盡，她也能負擔起這個家。她一直是那麼渴望能擁有一個完整的家庭，張達民固然不成材，終歸還是她的伴侶，她也希望能有個孩子，張達民卻不想，她到底還是領養了一個，取名張妙蓉，小名小玉，她要用作為母親的快樂來填補作為妻子的失落。

隨國片復興而起

　　1930年，中國電影史上「國片復興」的一年，阮玲玉大概不會料到，她將以她漸趨成熟的演技修成國片復興運動中的先鋒。這一年，聯合了華北影業公司、民新影片公司、大中華百合等公司的聯華影業公司成立，一時間各路才俊雲集，全公司上下幹勁十足、朝氣蓬勃，先後推出孫瑜導演的《故都春夢》、《野草閒花》二片，吹響了國片復興運動的號角，這些從現實主義角度出發，帶著對社會現狀的探究和人文關懷的影片，為死氣沉沉乃至烏煙瘴氣的國片市場，吹進了一股清新之風。從此，國產影片開始進入又一段相對活躍和繁榮的時期，而這兩部具有時代意義的影片，因為有了阮玲玉的參與，而顯得格外的生動出彩。

　　如果說《故都春夢》一片讓阮玲玉第一次接觸到了表演藝術的真諦，受到行家們的交口稱讚，那麼講述打破階級觀念的摯戀與真情的《野草閒花》，不僅讓她獲得了一位銀幕好搭檔——金焰，更使她因

為演活了劇中那個身世淒婉、純真善良的歌女而贏得了廣大知識青年和學生的喜愛。接連坐鎮兩部「聯華」的開山之作且都能大獲成功，阮玲玉已經顯出台柱的風範。她的演技何以自此才為眾人所稱道？合適的劇本、角色和優秀導演的啟發之外，得要歸功於阮玲玉多年的積累、對表演的琢磨和從日常生活及文藝作品中吸收的養分。她情感豐富，天賦不俗，進入影界又已四年，正值在藝術修為上開花結果之時；對於演員的表演本職，她自進入影界以來就不曾懈怠，秦瘦鷗回憶當時的情景說：「阮玲玉沉默寡言，比較冷靜；但在談論舞臺和銀幕上的表演藝術時，她說話就多了。」（秦瘦鷗：〈記少年遊侶阮玲玉〉）加入「聯華」後，阮玲玉益加刻苦於演技的提升，拿她自己的話說，為了揣摩角色，「我甚至做夢都在想著如何來表演她」。（蔡楚生：〈追憶阮玲玉──紀念阮玲玉逝世二十二周年〉載《中國電影》，1957年第二期）阮玲玉愛好閱讀，無論是在家裏還是攝影場中，她都手不釋卷，還戲呼跟著她把書帶來帶去的娘姨為「書櫥」，凡古今中外文藝小說，她都有興趣涉獵，一邊看，還要一邊隨著書中人的命運起落而悲歡。她看的書都租自書店，看畢即還，只有一本她看過後特地從書店買了一本回來，「備朝夕研揣焉」（〈憶阮瑣記〉載《聯華畫報》，第五卷第七期，1935年4月1日），那就是美國舞蹈家伊莎朵拉・鄧肯（Isadoya Duncan）的自傳。作為現代舞之母，鄧肯否定了傳統舞蹈為形式而動作的刻板僵硬，主張舞蹈應表現內心的需要和衝動，即要用靈魂來跳舞。顯然，阮玲玉那種內心體驗式的表演和鄧肯的舞蹈在本質上是相通的。

孫瑜這樣評價阮玲玉的演技：「導演阮玲玉拍電影，是任何導演的最大愉快，開拍前略加指點，她很快地就理解了導演的意圖，一

試之後，在絕大多數情況下，總是一拍成功，極少重拍。導演們在攝影場裏，平常總致力於如何啟發和幫助演員創造角色和表演，但阮玲玉卻在很多時候反轉過來啟發和幫助了導演，她在鏡頭前試拍出來的戲，常比導演在進入攝影場前所想像出來的戲要好得多、高明得多。」（孫瑜：〈懷念阮玲玉〉載《中國電影》1957年第2期）

　　那些與阮玲玉合作愉快的導演，孫瑜之後，又輪到了當年慧眼識珠伯樂——新加盟「聯華」的卜萬蒼。《戀愛與義務》、《一剪梅》、《桃花泣血記》、《續故都春夢》、《三個摩登女性》——在「聯華」時期她與卜萬蒼合作的一系列影片中，最值得一提的還是那一頭一尾的兩部。《戀愛與義務》一片，阮玲玉一人分飾兩角，又從少女演到老婦，拼足演技，過足戲癮，直叫廣大影迷稱讚不至；在《三個摩登女性》中她更是主動請纓，大改戲路地飾演了一個自食其力且胸懷救國之志的電話接線員周淑貞，讓該片編劇田漢筆下的新時代摩登女性形象頓時鮮活生動起來。

　　她拍戲時N.G.最少，這在「聯華」有口皆碑；她不屑於參加所謂「電影皇后」的評選，卻被影迷們熱情地呼為「無冕影后」；她是眾口稱揚的演技最優的女明星，一時風頭無兩。但她並未因此自驕，有人問她關於外界批評和擁護女明星的意見，她笑著說：「批評是我最關心的事，擁護，沒有什麼……老實說，只要中國影業發達，能有我一個位子便很光榮了，卻不希望無意識的被人捧上天去，我生怕自己摔下來呀！」（〈陰雨天〉載《聯華畫報》第二卷第一期1933年7月2日）

　　和一路節節攀高的演藝生涯相比，阮玲玉的感情生活卻益發黯淡，張達民錢財散盡仍賭性不改，一旦袋中缺金便向她伸手要錢。她

1935年的阮玲玉

一次次寬容著他的無理，一次次為之張羅工作，等待著他有一天浪子回頭。先是託羅明佑薦他光華大戲院經理一職，又求得「聯華」後臺老闆何東爵士的情面安排他在香港太古輪船公司的里安輪上當買辦，這些都是事務不重薪水頗豐的差使，誰知只要和錢沾邊，張達民的手腳就難保乾淨，這兩份工作最終都因他挪用公款去賭博以至負債難償而被開除。兩人平日在生活中也時有口角，為此，心灰意冷的阮玲玉還曾絕望自殺，幸虧獲救及時。最後一次，她委託十九路軍財政處長范其務為張達民謀得福建福清縣稅務所所長之位，也許真的還對他存有一點希望，也許只是想把他遠遠地支開不叫他再把自己糾纏得心力交瘁，哪怕只是暫時的逃避也好。

城市之夜 神女之顛

她年輕，她美麗，她風頭正健，漂亮女星總不會沒有人追，更難保被一眾

富商巨賈視為獵豔的物件。阮玲玉和茶商唐季珊的正式認識是在1932年底聯華公司的一次聚會上，那時，她是公司的當家花旦，他則是聯華一廠主任黎民偉極力想要拉攏入股的貴客。就外表上看，唐季珊也算相貌堂堂，待人接物又成熟穩重，至於他不但已有家室，還曾將第一任「電影皇后」張織雲金屋藏嬌又喜新厭舊地將之拋棄的事，一開始時，阮玲玉大約並不十分清楚。況且唐季珊那熱烈深情的追求可謂層層推進，步步為營，阮玲玉，一個從心底裏渴望被愛的女人，即便曾被深深傷害，即便已有明鑒在先，即便小心翼翼，在柔情蜜意面前，終究還是會招架不住。

大約是在她拍攝《城市之夜》的前前後後吧，唐季珊的人影開始頻頻出現在「聯華」的片場，又是送花又是請客跳舞，殷勤倍至。攝製組到杭州拍攝外景，唐季珊因在當地也有茶莊，招待甚是周到，讓全攝製組的人都對他印象不壞，此後更是趁熱打鐵，噓寒問暖，送盡關懷。阮玲玉曾對一女友坦言道：「我太弱，我這個人經不起別人對我好。要有人對我好，我也真會像瘋了似地愛他！」（轉引劉幗君：《從小丫頭到大明星》，四川文藝出版社，1986年12月）現在，這一心傾慕著她對她又好的人不就在眼前了嗎？

那一頭唐季珊殷殷切切做著他的戲，這一頭的影戲也是拍得熱火朝天。《城市之夜》是費穆的第一次執導，影片優劣，關乎導演前途，成敗在此一舉，自是兢兢業業一絲不苟。阮玲玉照例是工作投入，態度誠懇，從不擺明星的架子，即便這新導演的經驗還不及她這個演員豐富。以大牌明星，出演無名導演的處女之作，在阮玲玉並非是初次，當年她隨同聯華劇組在北京拍攝《故都春夢》和《戀愛與義

1935年的阮玲玉

務》時，編劇朱石麟寫了個僅兩本長的劇本《自殺合同》，想要試著導演一下，孫瑜自願把攝製組借給他用，卻苦於沒有演員，誰知阮玲玉獲悉後就主動表示願意出演。彼時朱石麟籍籍無名，加上又是個小製作的短片，阮玲玉的舉動著實令他感動。朱石麟的腿有殘疾，阮玲玉還曾親自扶他上樓，這些於細微之處所閃現出的美好品質也讓他掛念了很久。

一個讓人不勝嘆服的事實就是，在阮玲玉的聲望如日中天之時，她竟能以台柱演員之尊合作於初執開麥拉的新導演，並且一而再，再而三。由阮玲玉出演的三位導演的處女作，實可謂一山高似一山——朱石麟的《自殺合同》是牛刀小試，費穆的《城市之夜》是一鳴驚人，到了吳永剛的《神女》，要用怎樣的語言來形容這部影片的成功？只能說，它是默片時代的一個奇蹟。阮玲玉，她的眼神，她的肢體語言，一顰一笑，舉手投足都是戲，她在那短短九十分鐘裏奉獻了她所能達到的每一種情

感的極至，憂傷、柔弱、堅忍、溫情、倔強、掙扎、絕望、癲狂、直至崩潰……她就是這樣在銀幕上完成了一位低微的偉大的母親的辛酸歷程——中國默片史上任何一名女演員都難望其項背。要知道在《神女》之前，阮玲玉已經完成了被孫瑜讚許為演技「已經達到了出神入化的成熟境界」（孫瑜：〈懷念阮玲玉〉）的《小玩意》，以及她自認為在所有作品中最為滿意的《人生》，至於《歸來》、《香雪海》、《再會吧，上海》幾片也是好評如潮。她已達到演藝事業的高峰，卻仍能在表演上締造奇蹟，用一個又一個新的高度突破著自己，驚喜著觀眾。

《神女》之後，吳永剛不再只是聯華公司的一名美工，從前的那個小美工，在《城市之夜》的一場風雨戲時往阮玲玉身上不停地澆水，那是她為了要有逼真的效果和情感，自己要求一定要淋透。這個小插曲吳永剛記得很牢，讓他同樣不能忘記的是他把《神女》的劇本交給阮玲玉過目後既期待又怕被拒絕的等待，而阮玲玉熱情的響應終於讓他如釋重負。阮玲玉非常喜歡這個劇本，她被女主角的命運深深打動。導演和演員，有時候，真的很難說是誰成就了誰。

然而就像影片中的女主角終究逃不脫厄運的漩渦一樣，她也爭不過自己的命。1933年4月，阮玲玉和張達民訂約脫離同居關係，條件是阮玲玉每月津貼張達民一百元，貼足兩年為止。8月15日，阮玲玉和唐季珊正式同居。有人說她貪慕虛榮，其實她圖的只是他人好，那時她身為「聯華」一號女星，月薪在七百元以上。她為人低調，雖衣服入時，然不事奢華，穿的是不過二元一尺料子，冬日裏披的一件灰鼠裘，也已穿了五年。既然不貪享受，又何需圖他錢財？只是，原以

為找到了寬闊胸膛溫暖懷抱可以依靠的阮玲玉，萬萬沒有料到她那平靜的快樂竟然仍是那麼短暫，搬到沁園村九號唐季珊為她佈置的新居後沒多久，唐季珊的態度就漸漸起了變化，他不再是追求她時處處照顧著她的感受，唯她的話語是從的謙謙君子了。他把她看得很嚴，一切活動必先經他允許，喝醉酒不高興時他甚至還會打她，哪怕是當著朋友的面。住在他家隔壁的梁氏姐妹和阮玲玉素來和睦，有時她歸家稍晚被唐季珊關在門外，梁家人聽見她的哭泣，就好心收留她過夜。而她慢慢看出端倪，唐季珊正和另一個女人過從甚密，這人，竟是隔壁的梁家老大賽珍，她剛從一個噩夢中解脫，又陷入了另一個泥沼，甚至無福消受片刻的安寧。

新女性的絕響

是女演員艾霞？是女作家韋明？至少，那本不應該是阮玲玉。

1934年2月，素有「作家女明星」之稱的女演員艾霞服毒身亡，她的死讓「黑暗的電影圈」著實不平靜了幾天，但，也只是一聲喧譁罷了。聯華公司編劇孫師毅以艾霞為原型，費時兩個月，寫成電影劇本《新女性》，導演蔡楚生隨即分好鏡頭，籌備開拍事宜，至於有著廣闊空間可供發揮演技的該片女主角，縱覽聯華公司的女演員隊伍，非阮玲玉莫屬。

編劇、導演、演員，他們雄心壯志地要用女主人公韋明被迫害被摧殘的一生來揭露社會的黑暗統治和不可調和的階級矛盾，他們要樹立起全新的健康的鮮明的有覺悟的社會新女性形象！他們要為至今飽

受封建殘餘壓迫的女性振臂一呼：「衝
出家庭的樊籠，走向廣大的社會，站在
『人』的戰線，為女性而奮鬥！」（載
《聯華畫報》，第五卷第一期，1935年1月
1日）

　　醫院急救病房，正值韋明彌留之
際。她經自由戀愛結婚卻不久即被丈夫
拋棄；靠當音樂教師在城市中謀生，卻
因為拒絕了對她不懷好意的學校校董而
丟了工作；她以賣文糊口又受到黃色小
報記者的輕薄；她的經濟狀況窘迫，小
女兒偏在這時患病急需用錢，她被逼去
做「一夜的奴隸」，買歡的客人竟是為
她不齒的王博士，韋明悲憤交加，奪路
而逃；女兒終告不治，韋明萬念俱灰，
服下安眠藥自殺，被友人救至醫院；她
還未死，登著有關她自殺的種種「內
幕」、「秘聞」的報紙已新鮮出爐，報
童叫賣著「三個銅板看到女作家韋明自
殺」！一死也不過值得三個銅板，再就
只是人們茶餘飯後的談資，她如夢初
醒，她要活！

　　「我要活啊！」

阮玲玉在《新女性》中

「我要活啊！」

「我要活啊！」

一聲比一聲強烈，一聲比一聲短促，用盡最後一絲氣力，韋明終於倒在病床上。

這一幕就此結束。

阮玲玉失聲痛哭，似乎仍在戲中悲傷，抑或已經與韋明無關。

只要還有阮玲玉，只要還有張達民，那個男人就註定是她一輩子的夢魘。1934年底，他派人在和阮玲玉的兩年津貼協議快要期滿之前找上門來，以做生意為由向阮玲玉借一筆額外的錢。張達民的貪得無厭、出爾反爾，阮玲玉是早有領教的，她拒絕了他的要求，只答應預先付清剩餘的五百元。但經濟狀況不佳的張達民豈肯輕易善罷甘休，不久，一孫姓律師就代表張達民致書唐季珊，指其竊取侵佔張達民財務衣飾共值數千餘元，並私刻張氏名義圖章。這蓄意污衊旨在敲竹槓的行徑讓唐季珊很不買帳，他當即延請律師向第一特區地方法院控告張達民虛構事實、妨害名譽，結果敗訴，張被判無罪。那一頭張達民更是步步緊逼，於1935年2月間延請律師正式以偽造文書及侵佔兩項罪控告阮玲玉於特二法院。他的險惡用心，無非是想藉機威嚇敲詐，即便敲詐不成，至少也要讓受萬人景仰的當紅明星阮玲玉當眾出醜。阮玲玉一向愛惜名譽，他就偏要讓她聲名掃地！

一時間，女明星阮玲玉的「浪漫史」鬧得滿城風雨。因《新女性》一片揭露了黃色小報記者的醜惡嘴臉，戳中了當時一干無行記者的痛處，他們藉機聯合那些一貫對進步影片肆意攻擊的右翼報刊一同落井下石，拿《新女性》的主演阮玲玉開刀，向她大潑髒水，〈阮玲玉

通姦案發〉、〈背張嫁唐都是為了財產〉、〈三角戀愛糾紛未已，繼以通姦罪起訴〉……阮玲玉頓成千夫所指，她「通姦」，她貪「財」，她有「罪」，她還必須當眾接受審判！最讓她寒心的是原該給予她最大支援的唐季珊，竟然也在這個時候抱怨阮玲玉拖累了他！開庭的日子，定於1935年2月27日上午9時，由於張達民蓄意以刑事罪提出訴訟，因此她必須到庭。當天法庭觀者如堵，只為爭看阮玲玉。她託病不去，然而想要逃避終不可能，地方庭再出傳票，3月9日下午必須出席。

　　這幾天似乎還算平靜，5日下午阮玲玉到公司請假，因為週六要出庭，無法在8日去蘇州補拍《國風》的外景，這部影片和《新女性》差不多同時開拍，只剩下幾個鏡頭尚未完成。7日拜訪梁氏姐妹，回家途中還去花店買了一盆萬年青；晚上赴黎民偉家宴，在座多是公司同事，她似乎心情不壞，在席上談笑風生，向同仁一一敬酒，臨別時更是再三親吻黎民偉的兩個幼子；散席後她仍興致不減，趨車至揚子飯店跳舞，直到午夜方回；這一天，是1935年3月7日。

「我很快樂」

　　「在自殺的剎那間，心情是萬分複雜的，我想擺脫痛苦，可是反而增加了痛苦，有很多人的臉孔出現在眼前，其中有你最親愛的人，也有你最憎恨的人，每當一片安眠藥吞下去的時候，都會有一種新的想法湧上心頭……」（黎莉莉：〈阮玲玉二三事〉載《中國電影》1957年第2期）

　　當唐季珊和阮母發覺的時候，阮玲玉已經不省人事，她於前晚把三瓶安眠藥拌在麵條中服下自盡。他們急將她送往前番她自殺後救之

脫險的北四川路福民醫院求治，值班人員卻因前來問醫的阮母裝束類似女傭而傲然告之沒有醫生，時為1935年3月8日清晨四時左右。唐季珊因怕阮玲玉自殺的事情鬧大於自己不利，竟然將她帶至某醫師的家中救治，但阮玲玉中毒過深，需施以大手術，只得再送到西蒲石路中西療養院。可這來來往往的無謂折騰耽誤了太多時間，等阮玲玉住進中西療養院的205號房間，已經是當天早上十時許，雖經眾醫生搶救而回天乏術，終於下午六時三十八分逝世。

一時間舉國震驚，人們急於瞭解阮玲玉的死亡真相，唐季珊不得以拿出阮玲玉留下的兩封遺書：

其一：

> 我現在一死，人們一定以為我是畏罪，其實我何罪可畏！因為我對於張達民沒有一樣有對他不住的地方，別的姑且勿論，就拿我和他臨脫離同居的時候，還每月給他一百元，這不是空口說的話，是有憑據和收條的。可是他恩將仇報，以冤來報德，更加以外界不明，還以為我對他不住。唉；那有什麼法子想呢？想了又想，惟有以一死了之罷，唉，我一死何足惜，不過，還是怕人言可畏，人言可畏罷了！

> 阮玲玉絕筆
> 廿四，三月，七晚午夜

> 我不死，不能明我冤，我現在死了，總可以如他心願，你雖不殺伯仁，伯仁由你而死，張達民我看你怎樣逃得過這個輿論，你現在總可以不能再誣害唐季珊，因為你以（已）害死了我啊。

請代付各報登之　阮託

其二：

季珊：我真做夢也，想不到這樣快，就會和你死別，但是請
你不要悲哀，因為天下無不散的筵席，請你千萬節哀為要。
我很對你不住，令你為我受罪，現在他雖然這樣百倍的誣害
我，但你終會有水落石出的一日，天網恢恢，疏而不漏，我
看他又怎樣的活著呢。鳥之將死其鳴也悲，人之將死其言也
善，我死而有靈，將永遠護佑你的。我死之後，請你拿我之
餘資，來養活我之母親和囡囡，如果不夠的話，請你費力
罷，而且刻刻提防，免他老人家步我之後塵，那是我所至望
你的，你如果真的愛我，那就請你千萬不要負我之所望才
好。好了，有緣來生再會，另有公司欠我之人工，請向之收
回，用來供養阿媽和囡囡，共二千零五十元，至要至要，還
有一封信，如果外界知我自殺，即登報發表，如不知請即不
宣為要。

　　　　　　　　　　　　　　　　　　阮玲玉絕筆
　　　　　　　　　　　　　　　　廿四，三月七日晚午夜

（《電聲》，第四卷第十一期，1935年3月12日）

　　她怨張達民恩將仇報，她用血淚控訴著「人言可畏」，她還要死
而有靈，永遠護佑唐季珊。滿城譁然，原來殺死阮玲玉的兇手正這畸
形的社會，那一干無良傳媒更是難辭其咎！她成了被輿論迫害致死的
悲劇女性，封建殘餘孽下的犧牲品，而這兩封遺書，也跟著阮玲玉傳

奇的人生一直流傳了下去。

　　然而當時也有一些人表示懷疑，原因是唐季珊敘述事發經過的供詞有前後矛盾之處，遺書又明顯有為唐季珊開脫之嫌，加上遺書原跡甚為順暢，不像不工文墨又正當悲憤交迫之時的阮玲玉所能為，況且字跡也和她平素所寫的書信頗見別異。同年4月26日，一篇題為〈真相大白　唐季珊偽造遺書〉的文章發表在《思明商學報》上，文章揭露說阮玲玉自殺當晚確實留下遺書兩封，而唐季珊發表的卻是他讓梁賽珍的妹妹梁賽珊代寫的，後梁賽珊為良心所迫，才將真正的遺書內容公佈：

其一：

　　達民：我已被你迫死的，哪個人肯相信呢？你不想想我和你分離後，每月又津貼你一百元嗎？你真無良心，現在我死了，你大概心滿意足啊！人們一定以為我畏罪？其實我何罪可畏，我不過很悔悟不應該做你們兩人的爭奪品，但是太遲了！不必哭啊！我不會活了！也不用悔改，因為事情已到了這種地步。

其二：

　　季珊：沒有你迷戀XX，沒有你那晚打我，今晚又打我，我大約不會這樣做吧！我死之後，將來一定會有人說你是玩弄女性的惡魔，更加要說我是沒有靈魂的女性，但那時，我不在人世了，你自己去受吧！過去的織雲，今日的我，明日是誰，我想你自己知道了就是。我死了，我並不敢恨你，希

望你好好待媽媽和小囡囡。還有聯華欠我的人工二千零五十元，請作撫養她們的費用，還請你細心看顧她們，因為她們唯有你可以靠了！沒有我，你可以做你喜歡的事了，我很快樂。

玲玉絕筆

如果不是阮玲玉所寫，絕不能如此真實地貼近她當時境遇和心情，她曾對一女友坦言，張達民把她當成搖錢樹，唐季珊把她當成專利品，他們都不懂得愛。這兩個男人的虛情假意，她似乎已看得清清楚楚，只是為著一份還算平靜的家庭生活，她委曲求全地苟安著。她天性溫和，更敏感自尊，她不願被人看輕，從不會輕易流露出心底的脆弱和苦痛，在旁人眼中，「她的嘴角永遠是浮著那抹誠摯的微笑」（白蒂：〈阮玲玉的輪廓畫〉載《時代電影》，第一卷第四期，1934年9日5日），就連與她多次合作的孫瑜，對她的印象也是「愛説、愛笑、謙虛、風趣」（孫瑜：〈懷念阮玲玉〉）。不單是不願向人訴苦，更是無人可訴，母親是無甚主張的老實人，女兒小玉太小，男人更是靠不住，她甚至沒有一個可以為她出謀劃策的朋友。費穆曾説：「聯華的導演和演員之間的關係，是一種『藝友』的關係而不是『朋友』，這是一個特點，同時也是缺點。特別是女演員，往往不拍戲就沒有見面的機會。阮的私人生活和她的痛苦是不容易被人知道的。」（費穆：〈阮玲玉女士之死〉載《聯華畫報》，第七卷第五期，1936年3月1日）孫瑜也認為：「戀愛的幻滅，康健的消失，名譽的損傷，都不足以殺害阮玲玉。我覺得她的死，是因為她沒有一個知己的朋友。」（孫瑜：

〈悼玉〉載《聯華畫報》，第五卷第七期，1935年4月1日）但並不是沒有人懂得她，蔡楚生就深知：「她在表面上雖是一個有說有笑的人，但事實她卻是一個深沉的，或『有教養』的人，她從不願多談她自己的什麼，也從不願在人前批評誰或罵誰——即使是對她所最厭惡的人也是如此；因此只有稍為瞭解她的人，才知道隱藏在她笑聲後面的內心的憂惶、矛盾與苦痛！」（蔡楚生：〈追憶阮玲玉——紀念阮玲玉逝世二十二周年〉載《中國電影》，1957年第二期）可是這個懂她的人，也沒能為她多做些什麼。紅顏勝人，終究逃不過「她比煙花寂寞」。

「自殺是那麼的誘人，我常常想到自殺，可是又總有什麼東西令我怯步。」（伊莎朵拉·鄧肯：《鄧肯自傳》，花城出版社，2003年4月）鄧肯在自傳中這樣寫道。只是已經沒有什麼能令阮玲玉怯步，她一生都在渴望著愛與溫情，可到頭來不過是鏡花水月，她諸事忍讓，社會卻對她並不寬容，處處都是刀劍嚴逼，她甚至不被當做一個好人，而那正是她所在乎的。她太在乎別人對她的看法，以至於「每次飲酒至半醉，常常會對朋友說：『我算不算一個好人？』」（費穆：〈阮玲玉女士之死〉）自小到大的淒慘境遇又讓她生成悲觀的心性，她常說：「做女人太苦」，又常說：「一個女人活過三十歲，就沒有什麼意思了。」（費穆：〈阮玲玉女士之死〉）她溫厚柔順，哀而不怨，即便尊嚴被踐踏，也想不到要勇敢地站出來爭一爭，辯一辯，她無法獨自抵擋惡意的攻擊，甚至喊不出韋明的那一句「我要活」。生亦何歡，死亦何苦，「我很快樂」，只為從人世的紛紛擾擾中解脫，於是，說她是「沒有靈魂的女性」也好，扼腕歎息天才早逝也罷，都已與她無關。然舊片故紙中，她的悲容笑顏春風不改，流金歲月裏，她的一生

傳奇人間永存，後人慕她憐她敬她愛她，數十年後，仍要為她淒美絢爛的剎那芳華悲歌：

蝴蝶兒飛去心亦不在，

淒清長夜誰來，拭淚滿腮。

是貪點兒依賴，貪一點兒愛，

舊緣該了難了，換滿心哀。

怎受的住這頭猜那邊怪，

人言匯成愁海，辛酸難捱。

天給的苦給的災都不怪，

千不該，萬不該，芳華怕孤單。

林花兒謝了連心也埋，

他日春燕歸來，身何在？

（〈葬心〉，電影《阮玲玉》主題曲，作詞：姚若龍、小蟲）

陳玉梅

影壇「老闆娘」

三十年代的滬上影壇，她的名字常常和「明星」的胡蝶、「聯華」的阮玲玉同時被人提及。多年以後，人們卻只記得阮玲玉和胡蝶。

在三十年代的上海影壇女星中間，人們叫她「老闆娘」。老闆是天一影片公司的當家人邵醉翁；「老闆娘」就是天一影片公司的台柱陳玉梅。

在「老闆娘」的稱呼通行了幾年以後，陳玉梅和邵醉翁正式結婚，做了姨太太。在成為名正言順的老闆娘之後，陳玉梅選擇了告別影壇。

「老闆娘」的誕生

陳玉梅生於1910年，江蘇孟河人。1926年，也就是邵醉翁撤出在笑舞臺的股本，創辦天一影片公司的次年，16歲的陳玉梅加入了該公司，成為一名臨時演員。作為最早加入「天一」的演員之一，以及跨越默片和聲片時代的女星，此後一直到她告別影壇，陳玉梅再也沒有離開過「天一」。

關於陳玉梅是如何進入電影圈的，以及她的家庭出身和受教育狀況，至今仍然是個謎。據說，陳玉梅在進入天一公司之前，曾有過一段書寓生涯，更有人自曝曾為陳玉梅的恩客，小報記者甚至還寄語鼓勵：「橫豎英雄不論出身低，那英雌又何嘗例外，寄語玉梅，請勿灰心。」（永康〈陳玉梅的能紅〉，載1938年9月21日《舞風》第九期）。如果說情況屬實，倒也可以解釋為什麼後來的媒體往往對陳玉梅從影之

前的履歷、進入影壇的經過語焉不詳：女明星可以得罪，「老闆娘」可不能隨便得罪。

　　陳玉梅的職業生涯開展得很順利，她很快獲得了主演影片的機會。就在進入「天一」的當年，她就主演了《唐伯虎點秋香》。1927年，「天一」的台柱是胡蝶，陳玉梅和胡蝶合作主演影片的時候，排名自然在胡蝶之後。1928年，胡蝶離開「天一」，轉投「明星」，陳玉梅隨之成為天一公司的頭號女星。「老闆娘」的稱呼，也差不多從這個時候開始在天一公司內外傳開。今天看來，也許人們很容易下判斷說：憑藉和老闆邵醉翁的關係，陳玉梅理所當然會成為頭號女星和公司台柱。可是，陳玉梅成為「老闆娘」的背後，有「天一」老闆邵醉翁的精明打算。

　　創辦天一影片公司以後，邵醉翁一直在盡力網羅女演員和培養新人。但是，或者是「天一」自己培養出來的明星留不住，或者是從外面公司挖過來的明星待不長。關於此中原因，有說是天一公司對待員工過於苛刻，給你一份工資，非把你用到極致，榨乾為止；有說是天一公司的製片路線過於集中在古裝稗史片，同時公司只圖迅速贏利，攝製影片粗製濫造，限制了員工的發展空間。對箇中原因的嚴謹分析不是本文的任務，但可以確定的是，「天一」一直存在「基本主角荒」。在胡蝶轉投明星公司以後，邵醉翁又聘請過丁子明，也曾經把楊耐梅拉進「天一」，可是不久她們紛紛離開。

　　就是在這種背景下，邵醉翁把目光放到了陳玉梅身上。

　　據說，在「天一」失去胡蝶之後，邵醉翁開始考察陳玉梅。他覺得陳人品很好，是合適的夫人人選，就認為娶了陳玉梅而將她捧紅，

1930年的陳玉梅

將來天一公司便不怕沒有主角。而陳玉梅當了他的夫人，又被捧紅，也就永遠不會有離開他的理由了。這樣，天一影片公司的台柱，也就永遠不會給第二家影片公司挖走了。

小報記者是這樣分析的：

「這位陳小姐，有丰韻，有歌喉，上得起鏡頭，也唱得出歌曲，於是就加意栽培的把她捧成了一顆晶亮的女星，不久其竟一躍而為『老闆娘』，既然做了老闆娘，當然會和老闆合作到底的了……」（吳承達〈邵醉翁與陳玉梅〉，載1940年8月2日《中國影訊》第一卷第二十期）

這就是邵醉翁的算盤：給你做「老闆娘」，徹底留住你。可是，年輕、漂亮、能演能唱就能做「老闆娘」了嗎？

籠罩在「老闆娘」的稱呼和各色宣傳文字的下面，今天已經很難瞭解陳的人品，只能透過她的業餘生活管窺一二。和其他電影演員不同，在咖啡館和跳舞廳，絕對找不到陳玉梅的影子。她連電影也看得不多，但是對球類運

動卻很熱衷,最愛打乒乓球,還是「天一」女子籃球隊的成員。在家裏的消遣就是看看小說、聽聽電臺(郭索〈陳玉梅的種種〉,載1933年10月11日《電影》第二十六期)。有空的時候,她能「自學文化、讀書寫字」,影星艾霞曾經教過她普通話,女作家趙清閣住在她家裏的時候也曾幫助她念誦劇本臺詞。加上她穿著樸素、不事修飾,給趙清閣留下了質樸和淡泊的印象(趙清閣〈布衣影星〉,載1991年10月28日《新民晚報》)。但是也有人認為陳玉梅虛榮心和忌妒心極強,比如葉秋心轉投「明星」,就是因為搶了她的風頭而不被容於「天一」。

邵醉翁考察夫人人選據說還有其他角度。有一次,邵醉翁請人算了一算陳玉梅的八字,結果她的八字極好,「幫夫運」很旺。(永康〈陳玉梅的能紅〉,載1938年9月21日《舞風》第九期)

就這樣,陳玉梅成了「天一」的「老闆娘」。

演得好不如唱得好

當時的記者提起胡蝶、阮玲玉和陳玉梅時的表述如下:

「三大公司和三大明星是,分不出誰輕誰重,三大女星也是像三位一體各有神通,各有賣座的力量。」(嘉震〈記陳玉梅〉,載1934年1月1日《金城》第一卷第一期)

那麼,陳玉梅的神通何在?她賣座的力量源自何處?

陳玉梅剛滿16歲就投身影壇,銀幕生涯跨越了默片和聲片兩個階段,她主演過的片目如:《西遊記蓮花洞》、《乾隆遊江南》、《楊乃武》、《白蛇傳》、《鐵扇公主》等等,充分見證了邵醉翁對拍攝

113

1935年的陳玉梅

稗史片——這種對後來的中國電影影響深遠的類型片的先知先覺。儘管如此，在她主演過的三十多部電影中，陳玉梅的銀幕形象沒有給後人留下多少深刻的印象。有人更是直言不諱說，「講到銀幕上表演的藝術，那陳玉梅實在是不很高超的一位」（永康〈老闆娘：陳玉梅〉，載1938年9月5日《力報》）。

但是，作為1928年起「天一」公司的頭號明星，當時的媒體始終關注著她的銀幕表現。據說在默片時代，陳玉梅飾演的大多數角色是悲劇女性。在她的成名作、有聲片《芸蘭姑娘》中，她飾演的角色還是保持了她一貫的擅情作風，以此「抓住了大眾的同情，騙得了不少觀眾的熱淚」（嘉震〈記陳玉梅〉）。因此，當她在1933年的影片《生機》、《掙扎》和《吉地》中「不復做封建勢力壓迫下的女性」，而以一種「奮鬥」、「抗爭」、「十足表現革命的新女性」的銀幕形象出現時，媒體還是敏感地予以讚揚和期望（郭索〈陳玉梅的種種〉）。在接受記者採訪時，

陳玉梅稱自己認為滿意的作品有兩部，被上海租界當局禁止公映的《生機》也名列其中（嘉震〈記陳玉梅〉）。

當然，也有人對此提出不同看法：

「……玉梅不失為一位聰明的女子，她頗能看出些社會的心理，一九三四年粗線條影片風行一時，她已能扮上鄉下的小姑娘……」（永康〈老闆娘：陳玉梅〉）按照這種說法，陳玉梅銀幕形象的暫時轉換，只是在以反抗封建壓迫、資本主義剝削和帝國主義侵略為主題的左翼電影興起時，屬於天一公司投機賺錢的舉動。

1932年，陳玉梅在其主演的影片《芸蘭姑娘》中，成功地表現了女主角蘇雲蘭從少女時期到結婚、守寡的經歷，女主角悲劇性的命運又一次贏得了觀眾的同情心，而陳玉梅在影片中演唱的插曲〈花弄影〉、〈燕雙飛〉和〈催眠曲〉更是打動了無數人的心。百代公司和陳玉梅訂立合同，為她灌製唱片。電臺裏反覆播放的也是陳玉梅演唱的電影歌曲。一首〈催眠曲〉迅速風靡滬上，成為街頭巷尾婦孺哼唱的「口水歌」。據說「不但打破任何唱片的記錄，簡直比任何民間流行的歌謠要普及了！」（郭索〈陳玉梅的種種〉）憑藉著自己委婉的歌聲，22歲的陳玉梅在觀眾和影迷眼中躋身於當時最走紅的明星之列。

在當時的電影圈，一個年輕美麗能演會唱的女演員也許不難走紅，但是媒體仍然認為，陳玉梅在眾多女影星中間能夠脫穎而出，成為少數幾位大紅大紫的大明星之一，實在是「僥倖而勉強」，一大半是「靠邵醉翁的宣傳和捧吹」（永康〈陳玉梅的能紅〉）。

邵醉翁又是如何宣傳和捧吹的？

演得好不如炒作好

　　1932年的一天，人們來到電影院裏看陳玉梅主演的影片時，發現片頭裏的女演員「陳玉梅」多出了一個頭銜：「儉約明星」。

　　正如當時宣傳陳玉梅的記者所說：「在這奢靡成風的現代社會裏，──尤其是大都市，尤其是電影界，尤其是女明星，──要找一個儉約的人，簡直比在瓦礫中找金塊還難！」（郭索〈陳玉梅的種種〉）

　　這是怎麼一回事？

　　趙清閣曾在「天一」公司工作過，當年在陳玉梅家裏住過一段時間並且幫助她念誦劇本臺詞。在她的印象裏，陳玉梅「為人正派、樸實，平時不大修飾，穿著相當樸素，常愛穿一件陰丹士林牌藍布旗袍」，這件事情，卻被精明的邵醉翁「靈機一動，導演了一齣活廣告劇」（趙清閣〈布衣影星〉）：陳玉梅被大肆宣傳為提倡節約、穿著土布的影星。

1935年的陳玉梅

「儉約明星」是如何表現的？

陳玉梅開始身著她的藍色土布旗袍出現在公眾面前讓記者拍照，她參加土布展覽會，演唱〈節儉歌〉，甚至成為一個名為「全浙公會儉約運動徵求隊」的隊長……

邵醉翁的宣傳策略居然大獲成功。女學生們看到便宜的陰丹士林牌藍布如此時尚，一時之間紛紛效仿，布商生意大漲，在得利之餘，也不忘吹捧陳玉梅……陰丹士林牌藍布就此成為一個時代的時尚，身著藍布旗袍的短髮女學生在後人眼中更是成為民國女性的典型形象之一。

「儉約明星」為什麼提倡儉約？宣傳者的答案非常高調：「她為了提倡儉約，找到了好多麻煩，這些麻煩，她很願意，她以為一個人在社會上，絕不是各個人獨立生活的，一個人對於廣大群眾有利益的事，應該比自己有利益的事還起勁。……她不想藉著自己的地位聲譽，來謀個人的利益！卻想藉自己的地位聲譽，來謀群眾的利益。」（郭索〈陳玉梅的種種〉）

這種標榜道德的宣傳當然不會停留在「儉約」本身，陳玉梅開始頻頻獻身於「公益事業」，她成為「道路建設協會徵求隊」的隊長，她為了航空救國去電臺義唱……

炒作引來了各種批評。有人說陳玉梅乃愛慕虛榮之人，推動儉約運動實在是「表演得很不錯」，而陳玉梅有一次在「大都會」的筵會上當眾大抽廉價的金鼠牌香煙，也被譏諷為電影界的「奇事」。（永康〈老闆娘：陳玉梅〉）還有人指出，「陳玉梅的提倡儉約，比她拍影戲還有名」，但是陳玉梅的宣傳者辯護說，即使如此，陳玉梅提倡儉約之所以名氣大，原因是「她在電影界已有了相當的地位」，而「明

星的生活，本來是極度浪漫奢侈，現在她反常地提倡儉約，自然格外容易引人注意」（郭索〈陳玉梅的種種〉）。其實，無論是宣傳炒作還是批評諷刺，事實是，陳玉梅迅速成為關注的焦點，這只能説明邵醉翁炒作手段之高明。但是，邵醉翁覺得，單單一個「儉約明星」還是不夠份量。

炒得好不如「電影皇后」好

1933年1月1日，新創刊的《明星日報》為了吸引人氣，想出了選舉「電影皇后」的辦法。選票被印在報紙上，所以買一張《明星日報》就能得到一張選票。半個月後，報紙逐日登出各入選女明星的票數。

今天已經無法知道，陳玉梅本人是否熱衷於成為「皇后」，但是對於當時的「天一」公司，「電影皇后」的招牌直接就是票房的號召力。所以，邵醉翁志在必得。

選舉一開始，明星公司的胡蝶、聯華公司的阮玲玉和陳玉梅的票數接近，但是阮玲玉認為選舉過於無聊而自願放棄機會，所以實際上只剩下胡蝶一人與陳玉梅競爭。

「明星」公司在中國飯店開了一個房間，專人負責，力挺胡蝶；而「天一」的邵醉翁也給《明星日報》編輯陳蝶衣寫信，道：「如內子當選皇后……必有重酬。」（劉平〈電影皇后選舉內幕〉，載1934年1月19日《電聲》第三卷第二期）

投票一直延續到2月28日下午10時截止。當晚，《明星日報》社在北京路大加利餐社揭曉選舉結果。據説，儘管「明星」和「天一」

都購入大量的選票，但是在開票的前幾
天，領先的還是陳玉梅，邵醉翁甚至另
購了大量選票，準備在開票的前一刻投
入以確保萬無一失（永康〈老闆娘：陳玉
梅〉）。

　　最後的結果還是令邵醉翁大失所
望，胡蝶得了二萬一千三百三十四票，
陳玉梅得了一萬零二十八票，胡蝶以多
數票當選為「電影皇后」。

　　同年，《大晚報》發起中國明星
選舉，結果在女明星中陳玉梅名列第
六，前五名分別是：胡蝶、阮玲玉、陳
燕燕、王人美、高倩萍。這個結果激怒
了邵醉翁。結果「天一」致信《大晚
報》，指責該報選舉不公，並要求道
歉。（錢智〈天一公司與三大報電影附刊
之爭〉，載1934年2月2日《電聲》第三卷
第四期）

　　不過第二年，邵醉翁終於幫陳玉
梅拿到了「電影皇后」的頭銜。湯筆
花主持的《影戲生活》（日報）發起選
舉「二十三年度的電影皇后」，結果
陳玉梅以30232票當選。因為每個人可

1934年的陳玉梅

以無限次投票，經過統計，投陳玉梅票最多的前四人的票數相加，已達18899票，差不多占了她得票總數的三分之二，所以當時媒體諷刺說：「這次的皇后是四個人選出來的。……去年胡蝶當選，只值四百多元，現在卻值六百零四元八角四分（指買報以獲得選票的錢），皇后的價錢確是比以前增加了。」（〈代表公意（？）的選舉〉，載1934年2月23日《電聲》第三卷第六期）不過，陳玉梅的銀幕生涯也在這一年告終。在和邵醉翁正式結婚後，陳玉梅告別了影壇。

鑒於上海國產片的不景氣，1935年「天一」將上海的部分電影器材轉移到香港，開始開拓東南亞市場。1937年春，戰爭的威脅日迫一日，陳玉梅和邵醉翁一起去了香港。抗戰勝利後，陳、邵夫婦曾經回滬會友，並留下聚會照片。也許是老闆娘的生活富足而空閒，照片上的陳玉梅胖了許多，很難找到當年滬上影壇「老闆娘」的風采了。

金焰

人生如金，性格似焰

他是中國的「電影皇帝」，但在故鄉韓國，金焰的名字默默無聞，很少有人知道他在鄰國不平凡的電影歷程，一些親人對他在中國當選過「電影皇帝」亦不甚了了。三十年代初，金焰以開創性的小生形象躍上銀幕，很快風靡影壇。彼時聯華電影公司發起的國片復興運動中，金焰以眾多佳作，當之無愧為國片黃金時代一名鼎力幹將。

中國的「電影皇帝」出自鄰國

1932年，上海剛創刊的《電聲日報》推出聲勢奪人的「中國十大電影明星」票選，聯華公司初登銀幕不久的新人金焰在男影星中票數最高，由此贏得「電影皇帝」美譽。1934年，已改為週刊的《電聲》又發起明星選舉，金焰獲選「我最喜愛慕的男明星」、「最漂亮的男明星」、「表演最佳的男明星」、「最強壯的男明星」和「我最願和他做朋友的男明星」；後來成為金焰妻子的王人美，則贏得「最可愛的女明星」、「我最願和他做朋友的女明星」和「最健美的女明星」稱號。（1934年4月6日《電聲》第三卷第十二期）這時的金焰已經能列出長長的佳片名錄。他1930年主演的《野草閒花》，1931年主演的《戀愛與義務》、《一剪梅》、《桃花泣血記》、《銀漢雙星》，1932年主演的《野玫瑰》、《人道》、《共赴國難》等片，皆屬質量上乘。當選「電影皇帝」，水到渠成。

這位叱吒中國影壇摘得影帝桂冠的男演員，其實是朝鮮人。

金焰原名金德麟，1910年生在朝鮮漢城（今首爾），父親金弼淳

是朝鮮西醫的先行者，醫術聞名，同時他從事秘密的抗日活動，致力光復祖國。因牽涉一樁政治暗殺，金弼淳渡過鴨綠江，在中國的通化居住下來（通化為朝鮮墾民和逃難者的聚居地），在當地開辦醫院，家眷也陸續搬來通化，小德麟隨母親到中國時才2歲。父親異地而戰，繼續民族獨立運動，隨著朝鮮的日本勢力不斷北擴，金弼淳攜眷從通化又遷至臨近蒙古的齊齊哈爾，1918年遭日本特務毒死。

家裏失去了頂樑柱，日子漸漸難以維持，金德麟剛剛小學畢業，卻幾乎拿不出中學的費用了。他來到上海寄居在二姑家，其間曾獨自北上尋找在濟南讀醫科的長兄，可是大哥的經濟狀況自身難保，金德麟與大哥同住沒多久，只能返回二姑家，二姑家此時搬到天津，金德麟作為旁聽生到南開中學入學，和在上海時一樣，他半工半讀，儘量給二姑家減輕負擔。這段成長經歷給他日後的人生留下深刻烙印，使他練就奮發自強的性格，一心成為有志氣、有作為的人。顛沛流離、清苦貧寒的生活也使他易於接受革命思想，他把金德麟的名字一度改成「金迅」，以示和魯迅相通，因覺得不夠響亮，又換成「焰」字，像火焰一樣充滿光與熱——這才有了日後照亮影壇的名字「金焰」。

在天津，金德麟愛和朋友們上電影院，漸漸對電影萌生興趣乃至一發不可收拾，可是姑父姑母堅決反對。好朋友為他籌集路費，買了船票就只剩一塊錢，伴隨以夢想為全部財富的少年，駛向不可知的碼頭。這是1927年3月8日。

重返上海，他是「金焰」。

金焰寫了一些小說投給報社，沒有錄用。他被介紹去民新影片公司，照他自己的講法是打雜，包括做劇務、場記、跑龍套。這份零工

1931年的金焰

朝不保夕，之後金焰去電影院看門，晚上蜷縮在一條長板凳上睡覺，唯一的收穫是看了許多電影，這樣的日子過了一年。他眼睜睜電影之門不得而入，且生活無著，甚至跌入流浪漢的窘境，夢想猶如風中之燭，以微弱的火焰和希望守護著這個異國的年輕人。與田漢的相識，是金焰苦盼而得的機會，1928年他加入田漢主辦的南國電影劇社，終於能夠向電影夢邁出一大步了！經過田漢悉心指導和自己刻苦磨練，金焰在《莎樂美》、《卡門》、《回春之曲》等話劇中擔任重要角色，這是他真正踏上藝術道路的開端，生活也開始稍有保障。由於資金短缺，南國社慘澹經營，難挽衰敗，金焰只能離開劇社的朋友們。夢想像一個刁蠻的情人，忽冷忽熱忽遠忽近。他又去電影院謀生，做起檢票員兼門衛的差事，每天都要應對生存難題，曾經的舞臺，只好委屈在心的一角。

「我不願被太太小姐們消遣」

1929年，金焰結識了從美國多所名校學習戲劇和電影歸國的孫瑜，孫瑜對他很賞識。在孫瑜編導的《風流劍客》（又名《薔薇與美人》）中，金焰第一次作為主演走進夢想的攝影場，民新公司出品的這部影片流於窠臼無所建樹。不過，默默無聞的金焰和孫瑜，都即將叩開他們電影生命的華彩之章。

北方電影界的大鱷，華北電影公司的總經理羅明佑，控制著北方五省的放映和發行事業，於二十年代末大舉進軍滬上影業。羅明佑主持以華北電影公司名義與民新公司合作拍攝了《故都春夢》和《野草閒花》，1930年又與大中華百合等影片公司合併，組建成赫赫有名的聯華影業公司。導演孫瑜和金焰、阮玲玉、王人美、黎莉莉、陳燕燕等一批演員隨著「聯華」的壯大蜚聲影壇，成為炙手可熱的大明星。

「聯華」興起之時，電影界正是爛片充斥低迷不振。由於受到南洋片商的追捧，武俠片橫行獨霸，另外，神怪片欺世盜名，還有「鴛鴦蝴蝶派」文人炮製的酸腐愛情片，粗製濫造和昧心漁利的風氣給影壇籠罩一片沒落之色，魯迅在〈上海文藝之一瞥〉中總結為「淺妄極矣」。聯華公司打出「提倡藝術、宣揚文化、啟發民智、挽救影業」的口號，以救生圈與飛機組合成的商標，象徵積極的時代精神。格調清新的《故都春夢》為羅明佑創業之作，在北平、天津、南京、上海、廣州、漢口等埠放映，風靡全國。觀眾對於振臂一呼那四句口號，也有了感性認識。寫實主義，人道關懷，關注社會意義，金焰的成功正是在「聯華」帶動的這股新思潮中應運而生。

1935年的金焰

自《故都春夢》首戰告捷，「聯華」推出第二部影片《野草閒花》，由金焰和阮玲玉主演。阮玲玉剛剛在《故都春夢》中大放異彩，金焰只演過一部無甚反響的《風流劍客》，但是這部《野草閒花》似乎十分對他的路子。音樂學院畢業的富家子（金焰飾）反抗包辦婚姻，被逐出家門，偶遇貧苦的賣花女（阮玲玉飾），經過一段悲喜離合，拋棄優越家庭的少爺決定與賣花女共同面對生活濁浪。金焰健美勻稱的體格透著一股瀟灑勁兒，同時，熱情真摯的表演讓觀眾對角色更為貼近，他創造了一種融合自然風度與青春朝氣於一體的「學生型」，其時獨樹一幟，使那些油頭粉臉無病呻吟的男主角們黯然失色。因為扮演反叛禮教、追求戀愛自由的作曲家，金焰很自然成為了青年人心中的進步偶像。

《野草閒花》的攝製經費超過當時其他一般影片的一倍，攝成上映，不負眾望，繼《故都春夢》，更加鞏固了「聯華」在文藝片領域的威望。1930

年秋，與《野草閒花》同時上映的有：
明星公司的第十五集《火燒紅蓮寺》、
天一公司的《火燒百花台》和友聯公司
的第四集《荒江女俠》。《野草閒花》
是對這些「無意識」影片的集體勝利，
獲得了大量觀眾，尤其引起知識份子的
注意。接著金焰連續主演了《戀愛與義
務》、《一剪梅》、《桃花泣血記》等
片，其中與影壇彗星阮玲玉有多次合
作，每一部都體現了品質保證的「聯
華」特色。由此電影界呈現「聯華」、
「明星」和「天一」三分天下的鼎足之
勢，據各家公司注重的趣味與追求不
同，在市場中各自為營各擁其眾。「大
致的說，一般學生及社會知識份子是
『聯華』的觀眾，一般商人和思想保守
的中年人是『明星』的觀眾，較下層
一點的，一般喜歡通俗民間故事的人是
『天一』的觀眾。」（龔稼農〈聯華陣容
與出品〉，載臺灣文星書店1967年4月《龔
稼農從影回憶錄》第二冊）

　　外界好評不斷，身為大明星的金
焰卻不大看重這些頭銜，他不止一次

1936年的金焰

說過，不願意讚美他的是那些太太小姐，不承認一個演員只是被太太小姐消遣的東西！在金焰看來，成名作《野草閒花》比較別的戲，題材尚屬可取，但是，「我們的導演孫先生，是一時的趣味性，賣弄著他的小聰明，我們很清楚的可以看得出他缺少社會經驗，他所以做這本戲，並不是真實的同情而僅僅是想從破爛中找出美的趣味來。不過他究竟是有希望的，望他能實地去接近勞苦大眾的生活，不要再幻想。」（金焰〈入電影界以來的自己總批判〉，載1932年7月8日《電影藝術》第一卷第一期）。曾經掙扎於貧困線，實實在在的觸摸過生活的粗糲與磨難的金焰，對電影中美化殘酷社會的做法不予認同。金焰對於和卜萬蒼導演合作的《戀愛與義務》，同樣提出尖銳的意見：「這劇本是站在資產階級立場上寫的，我們看它的結論就可以知道，不過正確不正確是個大問題。如果現代的社會上不會發生階級鬥爭的話，我就相信它是對的……這劇本至少是個病態的，我很可憐我自己。做了這種助長封建勢力的戲。」（金焰〈入電影界以來的自己總批判（二）〉，載1932年7月22日《電影藝術》第一卷第三期）金焰如此激烈的主張，也有時評視為自大傲慢，但他從不向輿論妥協。

孫瑜在1934年編導的《大路》被視為他的代表作，《大路》以其無與倫比的雄壯與暢快，傲立於三十年代風起雲湧的電影版圖，這也是無聲電影中最成熟的影片。早期中國影史上，實難找出一部像《大路》這般青春恣意，又充滿陽剛之美的作品。為了抵抗侵略者的鐵蹄，一群築路工人在金哥（金焰飾）的帶領下，搶修一條重要的軍事公路；為了築路，他們同漢奸鬥爭到底，最後犧牲於敵機轟炸，但一輛輛殺敵的軍車碾過公路駛向遠方。孫瑜為該片主題歌《大路歌》

（聶耳作曲）所作歌詞的最後兩句是，「背起重擔朝前走，自由大路快築完！」大路的象徵意義一目了然。

《大路》中明星薈萃，可以說是一部「群戲」。金焰和張翼、鄭君里等演員和真正的築路工人一起赤膊上陣，挽著粗繩，拉著鐵滾，喊著勞工號子。今天看到影片《大路》的觀眾，也許會大吃一驚，演員們一點不亞於今天在健身房揮汗塑身的明星，金焰的健美身材加之熱汗淋漓，近景效果極具衝擊力，哪怕透過七十多年高齡的電影拷貝，魅力絲毫不減。有一場戲表現築路工人們跳入河中洗澡，一個遠遠的全裸鏡頭，儘管挑戰其時電影尺度，但詩人氣質的孫瑜處理得毫無扭捏之感，觀眾只看到像豔陽一般灼熱的青春，像小河流淌一樣無拘束的心靈。

1935年元旦，《大路》在上海金城大戲院首映，觀者踴躍，進步影評亦多加鼓勵。《大路》具有鮮明的時代感，喊出全國民眾抗日救亡的心聲，運往全國各地放映，一路凱歌。當年2月，蘇聯莫斯科舉辦國際電影節，中國方面挑選了《大路》、《漁光曲》等一共5部影片前往參展。「由於《大路》是抗日片，攜帶聯華公司片子的陶伯遜，為預防當時侵佔東三省的日本當局阻難，特把《大路》一片由上海交海輪寄往蘇聯港口海參崴，再繞道西伯利亞火車轉送莫斯科，由於繞道費時，沒有來得及趕上電影節的評選。」（孫瑜《銀海泛舟——回憶我的一生》，上海文藝出版社1987年5月）金焰主演的《大路》與莫斯科的讚譽失之交臂，不過妻子王人美主演的《漁光曲》摘得此次電影節的榮譽獎，這是我國影片第一次在國際上獲獎。

愛情，有時醉，有時痛

除了拍電影，金焰的愛好非常廣泛，尤其有運動天賦，早在上中學時就是運動能手，跑步、踢足球、打籃球、游泳，沒有不會的項目。他對音樂無師自通，會小提琴、口琴，還會繪畫。金焰喜歡打獵，喜歡喝酒。吳永剛導演在電影圈人稱吳大海，常和金焰一起暢飲，都以能喝著稱。

金焰一輩子喝了許多酒，有助興的酒，有澆愁的酒。他的愛情，也像酒，讓他沉醉，也讓他嘗到醉醒後的那份痛。

1932年「聯華」出品的《野玫瑰》由金焰與王人美共同主演，他們不僅留下一部經典影片，更流傳一段浪漫佳話。《野玫瑰》開拍前，女演員黎灼灼對金焰追求甚力，金焰每每為情困擾，就以一打啤酒解悶，在朋友間得了個「一打酒」的渾名。拍攝《野玫瑰》時，王人美剛從明月歌舞社涉足銀幕，素面朝天的她有很濃的學生味，與金焰志趣相投。兩人常常由徐家匯散步到虹口吃冰淇淋，黎灼灼聞訊，邀男伴到冰淇淋店還以顏色。黎灼灼本來是激將法，可結果適得其反，非但沒有讓金焰回頭，似乎更點燃了金焰與王人美的愛戀之火。

事業上躊躇滿志的金焰，生活上也大為改觀，不但告別了從前風餐露宿的生活，更築起甜蜜小家庭。婚訊和婚禮都出人意料，像電影一般充滿戲劇性，又不拘客套親切感人。1933年的最後一天，聯華廠的同事們照例舉辦辭歲同樂會，金焰和王人美在大三元飯店叫了四桌酒請客，大家才得知他們將在當晚一點鐘時候宣佈結婚，賓朋暢飲恭賀，金焰也酩酊大醉。一點鐘到了，證婚人孫瑜挽著金焰王人美

的手，當眾宣佈結婚。新人並無預備禮服，只各在胸襟上別了一朵大紅花。金焰穿一套布裳，王人美穿一件藍色陰丹士林布旗袍，第二天報界還表揚王人美響應政府提倡新生活運動的節約號召。有些遺憾的是，此時正值明星公司與聯華公司交惡，斷絕來往，明星一些職員私下裏雖是金焰王人美的朋友，但礙於僵局不便參加，婚禮上只是新人在「聯華」的同事們。

在那個動盪年代，生活的波折一次次磨礪著這一對年輕的夫妻。就在拍攝《大路》的時候，金焰與王人美迎來了愛情的小天使，可是

金焰與王人美合影

僅僅幾天，他們就被殘忍地剝奪了初為父母的欣喜，孩子的夭折給兩人都帶來無法癒合的創痛。

吳永剛編導的《壯志凌雲》（1936年）是金焰和王人美合作的第二部影片，此時他們離開「聯華」，簽約了新華公司。1937年爆發七七盧溝橋事變，緊接著戰火蔓延至大上海。夫妻倆搬到租界，送走了一批批離滬的朋友。影業癱瘓，沒有電影可拍的金焰改行學起了建築，想成為「打樣師」（建築設計師）；想到父親和弟弟都是為了戰鬥而犧牲，他又去報考飛行員，願效力抗日事業，卻沒能考上。日本人盤踞上海精心策劃全面的侵略步伐，在文藝界物色有影響力的人物裝點門面，戰前的「電影皇帝」金焰正是他們籠絡的重點。「為大日本帝國拍片」，出生抗日志士之家的金焰怎麼可能接受這樣的要求，作為朝鮮人和中國人，他斬釘截鐵地拒絕了日方，由此生活受到監視，情況日益危急。吳永剛幫忙想了一招移花接木之計，讓金焰以胡笳（王人美在明月歌舞團的好姐妹）的名義，買了兩張船票，臨走那天，由胡笳夫婦先辦理通關手續，金焰、王人美和一大幫朋友假裝送行，等到船快開時，他們和胡笳夫婦趁人不備迅速交換位置，搭上荷蘭郵船駛向香港。1938年這一次不同尋常的送行，大概是吳永剛一生中導演過的最緊張也最精彩的一齣戲。

棲身香港的金焰接到老朋友孫瑜的來信，孫瑜為重慶中央電影攝影場編導一部描寫空軍生活的影片《長空萬里》，邀請他們夫婦加盟，此片彙集了白楊、高占非、顧而已、魏鶴齡等知名演員。金焰和王人美從香港飛昆明拍攝外景，然後孫瑜帶領攝製組回到重慶拍攝內景。空襲警報一來，大家就鑽進「中電」自建的防空洞，時拍時停，

進度緩慢，《長空萬里》前後花費三年
才告完工。

1941年底，太平洋戰爭把香港從
避風港變成另一個炮火之城。金焰與王
人美踏上千辛萬苦的逃難之旅；當終
於抵達桂林，雖然戰爭的危險離得遠
了，感情的危機卻更近了。漂泊不定的
居所，無所保障的生活，挽留不住的愛
情，1944年末，金焰與王人美離婚的
消息從大後方傳到淪陷區。

1949年，金焰和秦怡連袂主演
《失去的愛情》，這是他們在銀幕上的
唯一一次合作。此時，金焰和秦怡都找
回了「失去的愛情」，並重組了新的家
庭。他們倆在戰時的重慶初次見面，一
為人夫一為人妻。秦怡17歲時嫁給中
國電影製片廠的陳天國，陳性格暴躁，
帶給年輕的秦怡一段痛苦婚姻。抗戰結
束，返回上海的金焰被朋友帶去秦怡家
裏串門，兩顆孤單的心漸漸靠近，彼此
熱絡起來。1947年，秦怡到香港拍攝
電影《海茫茫》，和金焰在香港舉行了
結婚儀式，對於感情受過傷的人，第二

金焰與秦怡合影

次踏入婚姻的河流，也許格外慎重也格外珍惜。

　　建國後金焰仍有作品問世，但1958年因胃出血大病，1962年手術留下後遺症，形容消瘦，沒有繼續拍片的精力。熱衷運動、喜歡花鳥和貓狗的那個對生活激情四溢的金焰，晚年卻與病痛抗爭近二十年。從纏綿病榻到生命的盡頭，都是秦怡悉心地照料著金焰，養育教導女兒和在文革中受驚嚇導致精神分裂的兒子，堅韌地支撐起這個家。

　　金焰生於一個光榮的家族，族中有多位親戚成就卓然，他自幼年離開故土，一直未能返鄉，與親人們音訊漸疏。1952年金焰作為中國支援朝鮮慰問團的成員訪問朝鮮，得與分離三十年之久的母親相見，僅僅三個月之後，母親離開了世界和她散落各地的兒女及親人們。金焰進入電影界時，有一位叫徐載賢的姑表兄（其父在上海進行韓國獨立運動）常與金焰見面，是最親也最能理解他的人。

　　朴圭媛女士在《尋找我的外公——中國電影皇帝金焰》一書中梳理了金焰兄弟姊妹的下落。父親去世後，他們天各一方難得聚首。1936年與1937年，金焰的弟弟金德鴻和大哥金德奉相繼病故，聽到手足凋亡的消息總是令他倍感神傷，其他人則分散在朝鮮、韓國、美國、北京等地。「1911年，金弼淳一個人的移居，竟然使其孩子們像蒲公英那樣散落在不同的地方落地生根。」（朴桂媛著　樸松鶴譯《尋找我的外公——中國電影皇帝金焰》，上海文藝出版社2006年7月）

　　1982年，金焰收到從美國寄來的一封家書，正是他最初來上海寄居的二姑姑家的女兒尤愛。原來一個中國科學家代表團訪問耶魯大學，擔任翻譯的恰巧是尤愛表妹，她是耶魯大學教授。她問中國科學家知不知道金焰，得到的回答是，不僅在上海，在中國，人人都知道

金焰！她並沒有金焰的通訊位址，中國科學家告訴她，只要在信封上寫「中國上海金焰和秦怡」，信就能寄到！她照這個辦法試一試，果然很快收到了回信。尤愛將此消息告訴在漢城居住的徐載賢，漢城的親戚寄給金焰200美金，連同尤愛的回信一起寄到上海。因中國與韓國未建邦交，徐載賢未能到中國看望病中的金焰。與尤愛通信的第二年，金焰去世。鄉夢路遙不知返！

李綺年

綺年忽逝　玉貌留影

她十分傾慕阮玲玉，引為偶像，她與阮玲玉都是廣東人，誰料得到，她的結局與悲劇的阮玲玉竟有幾分相似。她曾是香港的首席女演員，尤以「愛國影星」著稱，由港來滬，挑戰國語片市場，她能否延續在香港的雄風？能否把風頭正健的陳雲裳比下去？她的藝名叫李綺年，綺年，顧名思義是綺麗之年華，然而綺麗之外，她影途波折，人生多坎。

「愛國影星」稱譽香島

　　李綺年不是上海本土生產的明星，她是廣東人，原名李楚卿，生於1912年。家境貧寒，她讀小學時就輟學了，自稱19歲加入聯華影片公司香港分廠，1934年成為香港大觀聲片有限公司的職業演員，第二年出演了處女作《昨日之歌》。之後她陸續又加入過「南國」、「南粵」、「天一港廠」等各家公司。來上海前所拍的三十多部影片中，李綺年對《夜光杯》最為滿意，這是1939年南洋影片公司出品的影片。

　　香港自1935年開始成為粵語片製作中心，直到1941年底太平洋戰爭爆發，緊接著香港淪陷、為日軍本佔領，這7年間，香港製作了五百多部影片，包括各種類型，誕生了一批超級明星——男演員領軍人物是被譽為華南影帝的吳楚帆，女演員方面，李綺年就是數一數二、也是資格較老的女星，兩人曾多次合作。

　　「九一八」事變後，日本步步蠶食中國領土，侵略企圖昭然若揭。「七七」事變後，日軍大舉進犯，全國抗日戰線形成，電影界何以應對，怎樣表達抗日情緒鼓舞抗日鬥志？上海在「八一三」後成為

「孤島」，租界當局不願得罪日本人，電影審查愈加嚴厲，不允許在影片中直指抗日，香港雖然也有影檢會，畢竟未受日本人控制，環境較上海寬鬆，在1941年淪陷之前，香港有一批抗日愛國影片面世。

　　1935年香港上映的由李綺年主演的粵語片有《昨日之歌》、《殘歌》、《摩登新娘》（及續集）、《大傻出城》和《生命線》，其中，1935年11月上映的《生命線》是一部寓意抗戰的佳作，也是李綺年粵語片生涯的代表作。《生命線》由關文清編導，吳楚帆和李綺年主演，此時距1937年抗日戰爭全面爆發還有兩年，該片被稱讚為中國第一部反對日本侵略的有聲片。英國與日本尚未宣戰，香港當局禁止把日本人明指為侵略者，但是影片故事所指，觀眾是一目了然的。在當時壓抑沉悶的空氣中，《生命線》的公映讓人拍手叫好，影片大獲成功，李綺年被稱為「愛國影星」。在《生命線》中，李綺年的表演真摯感人，她的扮相和神情有點彷

李綺年在《生命線》中的一幕

1936年的李綺年

彿阮玲玉，眉宇凝結相似的憂傷。李綺年非常仰慕和敬重阮玲玉，她曾在上海的聯華公司參觀阮玲玉拍攝《桃花泣血記》，她為阮玲玉的氣質和演技深深感染，她對《生命線》中母親角色的詮釋可謂向阮玲玉致敬。

吳楚帆與李綺年主演的《銀海鴛鴦》（1939年6月上映）同樣是一部意識嚴謹的作品，該片對1937年好萊塢出品的《星海沉浮錄》（A Star Is Born）有所借鑒，原著由吳楚帆創作，蘇怡和李芝清改編成劇本並執導影片，由萬年影片公司出品。吳楚帆寫這個故事，其實反映了香港電影圈內幕，他和李綺年演一對夫妻，從臨時演員而變成明星，但他們悲哀地發現，製片商只是一味鑽在錢眼裏，相比之下，這對夫妻的理想顯得不堪一擊，被商業意旨碾得粉碎。影片傳達了這樣的呼聲：製片商應該在電影陣地上更有作為，有責任進行抗日鬥爭。

1938年5月上映的《女戰士》更為直接地表現了抗日，李綺年演一身戎

裝，素面朝天的女兵，影片張揚了婦女對抗戰的貢獻。

　　有人說李綺年早年在澳門有過一段青樓生涯，還有確鑿的名字，叫「碧雲霞」。但是她始終有著向上的意志，加入電影界，直至成名以後，始終潔身自好。記者在香港採訪李綺年，留下這樣的印象：「……李小姐請我們到她的書室裏去坐，書室是與臥室毗連的，佈置得十分精雅，書櫥中有規律的放著《文學大綱》，《娜拉》，《普希金詩集》，最下一層是一疊疊遠外影迷給她的信——不止五六百封。」（〈聘濾聲中訪問李綺年〉，載1939年6月30日《電影新聞》第十七期）書室的佈置，想必正是李綺年希望向人們傳達的資訊。

　　李綺年主演的大都是有意識的粵語片，在華南影界，嚴格選片，執著拍攝愛國電影，眾所周知她是比較鮮明的一個。在香港，除了銀幕工作，李綺年也很熱衷舞臺，常常登臺演出粵劇。除了拍攝愛國影片，李綺年對於國事和社會事業的熱心，在華南舞臺紅伶和電影明星中，實不多見。話劇義演，義賣募捐，購買和勸募救國公債，籌賑遊藝會，徵集棉衣運動，慈善像展等等有關救亡賑濟的活動，常常能見到李綺年的身影。隨著戰事向華南擴展，香港難民陡增，生活淒慘，1939年李綺年舉行個人攝影展覽會，公開招待各界，略收門券，並將陳列的照片標價出售，貢獻全部收入用於救護難民。李綺年在華南影星中有相當的資格，多位攝影師曾為她拍攝照片，李綺年平時也注重收集，其私人秘書以整理照片作為一項重要工作，共有不下五千幅，分門別類，整理成相簿二十餘本，李綺年平時極為珍愛。為了籌備像展，她與攝影師在這五千幅中選出一部份，加上最近拍攝的一共湊滿二百五十張，放大，配框，借在香港第一流的大旅館高羅士大

酒店開辦展覽會。「孤島」的影星們效仿李綺年，也紛紛舉辦籌賑影展。

　　來上海拍戲之前，李綺年的善舉已經滬上媒體報導，來上海之後，她愛國與慈善的公益形象絲毫未改，眾明星中她總是出手最慷慨的一位。這方面，同樣從南國來的陳雲裳，雖然名氣獨佔鰲頭，但在募資捐款，救困扶危上，卻常被人指摘為吝嗇，當時形成鮮明對比。

「綺年玉貌」叫板「雲裳仙子」

　　7月18日下午3點半鐘，李綺年離港遠航，目的地是千里之外銀燈璀璨的大上海。父親已經去世，母親留在香港，陪同李綺年遠行的有三人，一位是表妹，也是她的臨時秘書陳小姐，另二人是女僕。

　　1940年7月21日下午，李綺年一行搭荷蘭郵船芝沙尼加號抵滬。這一年，李綺年28歲。

　　一位南國的粵語片影星從香港赴上海拍攝國語片，備受滬港兩地關注，尤其在上海掀起新聞熱潮──這情節似曾相識。

　　「八一三」淞滬抗戰，烽火連天，滬上影業陷於停頓，1938年各電影廠才逐漸恢復生產，可是很多演員都去了內地或香港，一時明星短缺。上海的電影公司老闆到香港尋找機會，物色新鮮面孔。1938年12月25日，陳雲裳由港來滬，在張善琨的宣傳和張羅下，主演的《木蘭從軍》叫座又叫好，連映85天，刷新記錄。陳雲裳一舉成名，豔壓群芳，其後她主演的時裝歌舞片《雲裳仙子》以及《一夜皇后》、

《秦良玉》、《碧玉簪》等一系列古裝片都有讓人羨慕的票房。這樣一棵搖錢樹，任何電影公司老闆看了都不免心動。

嚴春堂、嚴幼祥父子執掌的藝華電影公司一直企圖與張善琨麾下的新華、華新、華成三家公司抗衡，陳雲裳引發的商業神話，讓藝華公司也將眼光投向香港，粵語片著名悲劇女伶李綺年進入了他們的視野，嚴幼祥思量對策，打起了再炮製一個陳雲裳的算盤。

陳雲裳北上之前，在香港電影界，論資歷論名氣，李綺年都更勝一籌，可是此一時彼一時，如今的陳雲裳，在上海儼然已是無可爭議的頭牌女演員，最有票房號召，當然，她也獲得了最為優厚的待遇。

1939年的李綺年

李綺年呢？她會成為第二個陳雲裳嗎？她會比陳雲裳更成功嗎？能否後來居上，還是將不敵陳雲裳呢？和上海本土的女星相比，她是否獨具優勢呢？大家拭目以待。

李綺年可謂姍姍來遲，此事早在一年前就開始醞釀。來滬前，由於藝華公司的推動，新聞界很感興趣，廣造聲勢，《新聞報》、《申報》、《神州日報》等大報都刊登過李綺年將要來滬攝片的消息，藝華公司宣傳刊物《藝華畫報》更是對李綺年美讚連連，李綺年被冠以「南國明星泰斗」、「南國影后」等高調的頭銜。

她曾來過上海，再度踏訪這個讓人眼花繚亂的大都會，她的心情一定大為不同了。李綺年對記者說：「我記得，當我在十九歲的時候，我曾經到上海來過，那個時候，我對於電影，可說是二十四分的熱愛，尤其是阮玲玉，是我生平最欽佩的一個影人，為了愛阮玲玉，那次我到上海，差不多純粹是為了到聯華公司看阮玲玉演戲，凡是阮玲玉

1940年的李綺年

所演的影片，沒有一部不看過一二遍的，簡直是阮玲玉最忠實的愛護者，崇拜者。」（姜星谷〈南國影后李綺年特寫〉，載1940年9月28日《大眾影訊》第一卷第十二期）

　　荷蘭郵船芝沙尼加號在1940年7月21日下午駛進上海的碼頭，為上海人提供了新鮮的話題，這是牽動影界和報界的熱鬧一天。

　　「五點鐘敲過了，海關碼頭人頭攢動，比平時別的郵船到時要熱鬧得多，影迷們有帶著望遠鏡來的，也有帶著攝影機來的，也許他們的懷裏還帶著紀念冊，可是結果他們都失望而歸，五點鐘海關接客的小輪來了，卻沒有李綺年的影子，李綺年已經乘了另外一艘小汽艇，在隔壁的一個碼頭登岸走了。」（〈李綺年抵滬後第一封信給誰〉，載1940年7月26日《觀眾週刊》第二期）

　　藝華公司老闆嚴幼祥及夫人，公司編導葉逸芳和一波電影記者，總共十餘人前往碼頭迎接。「藝華」安排李綺年到事先預定的金門飯店504號休息，這一段時間採訪李綺年的報紙和電影雜誌，常常提到這間504號房間。記者這樣描述李綺年面對上海影迷的首次公開亮相：「李體格殊健美，低顰淺笑，頗多誘惑性。唯年華較大，與上海諸女明星相比，似乎較為遜色。」（本刊記者〈李綺年來滬的內幕種種〉，載1940年7月31日《電影》第九十二期）

　　當晚接風宴上，記者對這位久聞終於一見的女星有了更細緻的觀察：「實在說來，她本人的風姿，似乎較照片更為美麗，這是她與陳雲裳的不同處。陳雲裳的像照常美過她本人，所拍諸照，皆柔媚可愛，而小小缺憾，柔在乎唇有『鷹嘴式』。李綺年所拍的照片，大都顯得太老了，缺乏一種青春活潑潑地的姿態。因此記者每展到李之照

片時，總似乎其人徐娘老去了。及今辨認廬山真面目，李綺年還是嬌滴滴的，雖非豆蔻年華可比，但絕未到殘春時代。而一對眼皮染黑的活動的眸子，尤其動人。」（本刊記者〈李綺年在酒宴席上〉，載1940年7月31日《電影》第九十二期）

　　陳雲裳的走紅，優越的自身條件誠然是關鍵因素，但「新華」老闆張善琨的力捧更不容忽視。李綺年能否得到比張善琨更有力的捧場，不少人表示很可懷疑，對李綺年與陳雲裳在名利場上這番角逐的勝算，也不樂觀。

　　除了劇本精良，製作考究，公司是否賣力宣傳，有沒有砸銀子花功夫給影片和演員造勢，對於影片的賣座和提升演員人氣，都是致勝法寶。眼前有個現成的例子，以「一代尤物」聞名的北平交際花李麗，當年（1940年）來滬為藝華公司拍攝《碧雲宮》，李麗受邀不聲不響地來，拍完了默然地走，「藝華」對其毫無宣傳助益，《碧雲宮》當然成績不佳，李麗也懊悔不迭。

　　李麗氣悶悶地回香港，李綺年一一看在眼裏，當藝華公司函催北上，她聰明地提出兩個要求。首先，第一部戲的劇本先要讓她看過方作決斷；其次，她來滬前後，藝華要制定周詳的宣傳計畫。這兩點倘能辦到，她也許可以長期留滬為「藝華」拍戲。

　　除了能否在上海開拓新局面，李綺年還有一重顧慮。她以「愛國影星」享譽南國，曾主演多部抗日電影，總的來説，所攝影片比陳雲裳在香港時更為純正。三十年代末上海製片界日趨下流，出於對李綺年的愛護，香港和上海的文化界都曾勸其審慎行事，如果與上海的庸俗影片乃至毒素影片同流合污，一朝毀譽悔之莫及。另外，來滬聲

勢既出，而結果不盡人意，如不能紅過陳雲裳，甚至無所起色泯然於眾，則半輩聲名同樣被「藝華」拉下水。聽取了各方意見，李綺年也頗為躊躇，始終未能成行。到1940年時，香港局勢有所變化，日本人對香港施加的壓力也越來越緊，許多影人紛紛考慮遷地為良，李綺年向「藝華」索要了劇本和宣傳計畫，決計北上。

這一年她28歲。

李綺年與藝華公司訂的是部頭合同，而非長期合同，她只演兩部戲，三個月後就回香港，合同上寫明她對劇本有選擇權。當記者問她，對目下流行的「民間故事電影」有何意見，李綺年正色道：「過去，我沒有演過『民間電影』，現在和藝華約定的戲，也絕對不是這類『民間電影』；不過，對於『民間電影』的意見，恕我不能說什麼，因為我對它很少研究。」（〈李綺年自談……拍戲的經歷及其它〉，載1940年8月7日《電影》第九十三期）

民間故事影片是1938年影界恢復製片後出現的一股逆流，由於「孤島」政治環境險惡，在電影裏沒有正面宣傳抗日的自由，而一些投機商人唯利是圖，逐漸拋棄了《木蘭從軍》、《葛嫩娘》等寓意愛國的嚴肅的攝片方針，大量出品民間故事片。由於這些題材為一般觀眾熟悉，容易保證票房，竟致三十年末、四十年代初古裝片的畸形繁榮，還頻頻引發雙包案，不同公司爭拍同一個題材，為了搶先公映於是粗製濫造，混亂不堪，有社會良知的影人紛紛站出來斥責影界自甘墮落之舉。被問及這個敏感問題，初來乍到的李綺年十分謹慎，記者描寫她作答時的神情反應，「話似乎說得太嚴重了，害得李女士也頓把笑容斂住，十分正經又正經地答了。」（〈李綺年自談……拍戲的經

1939年的李綺年

歷及其它〉）李綺年鮮明表達了她本人絕不會接拍民間故事的立場，這與她一貫的「愛國影星」的形象也是十分相稱的，但剛剛抵滬的她還要在十里洋場圖謀發展，要在這個陌生的環境站穩腳跟，不免為此地同行們留些餘地，少得罪人。她不對民間電影的現狀直抒己見，與其說是「很少研究」，不如解讀為「不方便說」，她的小心，或許正透露出她對上海之行的慎重和胸中抱負。同樣，《觀眾週刊》記者書面採訪李綺年，問及對近來盛行的「民間故事電影「意見如何，李綺年也推說沒有注意，恕不妄談意見（〈李綺年抵滬後第一封信給誰〉）。

在香港採訪過李綺年的記者，曾感歎這位影星的交際與應對本領，「……她有圓滑的語句，她往往使走訪者在客室裏會坐足半小時，外交式的風度，十足地表示著，華南影星之中，在這一點上，堪與她匹敵的，我是尚未見第二個人」（〈聘滬聲中訪問李綺年〉）。

這兩位記者筆下的李綺年之側面是

相吻的。不要說身處這個浮誇的圈子，就是在一般的社會場合，天真也是極難維持的品質。

黯然之旅　匆促休止

作為南國久享盛名的演員，在萬眾期待中為上海影迷奉上的首部作品至關要緊，陳雲裳就是憑藉《木蘭從軍》一炮打紅，「藝華」為李綺年首推的是歷史劇《梁紅玉》。出身東京教坊的少女梁紅玉隨宋室南渡，嫁與大將韓世忠，輔佐丈夫共擊金兵。由周貽白編寫的劇本是經李綺年過目得到認可後方才開拍的，《梁紅玉》與《木蘭從軍》有著相似的借古諷今之旨，而不及《木蘭從軍》賣座和轟動，相應地，李綺年也未能收穫《木蘭從軍》帶給陳雲裳的無限風光。接著李綺年主演嚴幼祥、文逸民導演的《女皇帝》，成績亦平平。此後李綺年與「藝華」簽訂了三年的長期合同。事實上，李綺年在上海總共只拍了六部影片，1940年的這兩部，加上1941年的《風流寡婦》、《天長地久》、《現代青年》和1942年的《賊美人》。攝片數量上，不足陳雲裳在滬所拍影片的一半；從影響上來說，李綺年在「孤島」影壇始終未能振臂一呼，票房不溫不火，也未留下代表作。不要說與陳雲裳平分秋色，即使同在藝華公司的李麗華，風頭都要蓋過李綺年。

不論是記者採訪，還是李綺年自己在報章發表的文章，她總是態度恭謹，言辭謙遜，即便如此，還是頻頻招致流言與是非。她在上海寫過一篇情緒激烈的長文，幾乎有點迫切地抒寫著來滬遭遇的種種不如意，在雜誌刊出時題為〈我與白雲〉。編輯說，李綺年原文，原封

未動地發表，有許多別字僅在括弧內改正，力求完全真實地表達李綺年的心聲。開篇第一句：「我到上海來，已過了四個年頭了，我坦白的說在這四年的過程中，我經過的一切，是我做夢沒想到的。」（李綺年〈我與白雲〉，載1943年《影劇界》第一卷第二期）文中顯然可以讀出李綺年的怨氣和對東家的諸多不滿，稱藝華公司「竟不依合同進行，而且還種種的對不起我」。她對圍繞自己的流言蜚語一一駁斥解釋，儘量壓抑著怒氣，不禁透露著感傷。有傳言她曾在香港打人，她因年齡問題飽受攻擊（時已三十），與訂婚一年的大上海療養院院長徐續宇醫師婚約告吹，詩人莎蕾對她的癡戀追求，遭白雲妻子羅舜華毆打……

同樣從香港來滬的白雲，在「孤島」影壇以「風流小生」聞名，是一個話題人物。他娶了哈同的過房孫女羅舜華，婚後住進哈同花園。因白雲與李綺年傳出親密事蹟，其妻羅舜華一日上門毆打李綺年，怒斥李「破壞家庭」，還鬧上了法庭。但凡有關影星韻事，一點點蛛絲馬跡都會被媒體放大，何況這一出「全武行」的鬧劇，報章雜誌紛紛跟蹤報導，關注事態進展。在法庭上，羅舜華拿不出確鑿證據，經調解，只好向李綺年賠禮道歉，了結公案。在〈我與白雲〉一文中，李綺年再三賭咒澄清與白雲關係清白。

留滬期間，李綺年返港拍攝了幾部粵語片，1940在南洋影片公司主演《虎嘯枇杷巷》和《千金一笑》。再次登上粵語銀幕，則是8年之後了。息影多年後，1948年李綺年在港復出，主演《花香襯馬蹄》、《風流女賊》、《七月落薇花》、《冷月照郎歸》和《賣肉救家姑》。她在粵語影壇起步，也在此留給影迷最後的背影。

　　都是來自香港，但在上海分屬兩家電影公司，且是直截了當的競爭對手，李綺年與陳雲裳的關係，可以想見是隔膜的，尷尬的。來滬4個月，1940年11月16日出版的《劇影週刊》，作者訪問李綺年，李綺年說：「在香港的時候曾經見過面，在上海倒還沒有。」（〈李綺年小姐訪問〉，載1940年11月16日《劇影週刊》第一卷第一期）

　　1939年陳雲裳來滬前，李綺年是香港毋庸置疑的首席女星，「譬似李綺年普通一部戲的酬勞，是港幣千元，陳雲裳則每部不過四百」（〈李綺年擬開個人攝影展覽會〉，載1939年2月8日《電影》第二十三期）。排名的細節也很能說明問題，和吳楚帆、鄺山笑（香港最紅的兩位小生）合演的戲，李綺年排名常在他二人之上，陳雲裳則常居二人之下。易地再戰，上海的水土似乎更適合陳雲裳，影迷更青睞這位妙齡少女，而李綺年則始終不為上海觀眾接受，無法重展昔日光彩。陳雲裳是唯一一位成功轉型上海國語片明星的香港粵語片女演員，不論古裝戲還是時裝戲，都能讓上海的觀眾著迷。銀色皇冠，李綺年只能拱手相讓，黯然以對。

　　1949年，李綺年帶領劇團到東南亞演出，經營失敗，欠下巨額債務無力償還，以安眠藥結束37歲的短暫芳華。

王瑩

漂泊的新女性

王瑩，也許不能算是三十年代第一流的電影演員，她一生只拍過四部影片——《女性的吶喊》、《鐵板紅淚錄》、《同仇》、《自由神》，且無一部得以保存，如今我們只能憑著依稀的劇照想像她在銀幕上的風姿。但她確是那個時代風頭最健的明星之一，她在舞臺上形容豐神俊秀、表演細膩生動，更因主演《賽金花》一劇而蜚聲劇壇；她勤學多思，行文雋永，素有「作家明星」之稱，常有散文、隨筆、雜記等見諸各大報刊雜誌；她還曾經遠赴日本、南洋、美國，每到一處都引起極大關注，把中國的戲劇藝術遍灑在世界各地。她的一生彷彿都在漂泊中渡過，十三歲就從家庭的牢籠中掙脫出來，剛在影壇嶄露頭角又馬上衝出「黑暗的電影圈」到日本求學，及待名聲斐然時又去美國留學，這一去就是十三年，期間忍受了種種不公正對待。直到1954年12月新年前夕，王瑩才和她的丈夫謝和賡歷盡千辛回到了日夜思念的故土，不想這一次駐足卻註定了這個永遠漂著的人將再也無法自由地行走，王瑩在「文革」中含冤入獄，受盡折磨，最終病死獄中。斯人已逝，然而她那一幕幕出走的情景卻彷彿一出跌宕起伏的戲劇，至今看來，依舊閃現著迷人的光彩。

掙脫家庭的樊籬

　　和很多明星一樣，王瑩並不是她的本名，甚至她本不姓王，王是她母親的姓，13歲從婆家出逃後她憤而改名，從了母姓，這是她與父親、包辦婚姻、舊式禮教的一次徹底決裂，也是她新生活開始的起點。王瑩原名喻志華，1913年3月8日生於安徽蕪湖，因是家裏第

一個女娃，倍受疼愛，還給她取了個小名——寶姑。童年的王瑩日子
過得還算愜意，父親常年在南京供職，平日裏跟著母親聽故事，學唱
曲，懵懂間培養了對文藝的愛好。這樣平靜的生活一直維持到她8歲
上下，母親去世，父親續弦，此後悲傷接踵而來。後母嫌她在家裏看
著礙眼，和父親商議後便把她送到附近的教會學校念書。更為過分的
是，利益薰心的他們竟為了豐厚的聘禮把王瑩賣了作童養媳。年幼的
王瑩在婆家飽受屈辱，最讓她痛心的是婆婆還想剝奪她讀書的權利，
萬念俱灰中她一度吞鴉片自殺，幸而被救，從此堅定了她出逃的決
心。於是一個陰冷的清晨，趁眾人昏睡之際，13歲的王瑩成功出逃，
輾轉來到長沙，改名王克勤，進入湘雅醫院護士學校就讀。

　　這是王瑩的第一次出逃，從此她就彷彿和逃亡結下了不解之緣。
在長沙讀書的歲月，王瑩結識了生命中第一位良師益友——阿英，在
他的影響下思想逐步傾向左翼，還負責給革命工作者傳遞情報。1928
年，王瑩遭到國民黨當局通緝，在當時的中共地下黨組織和阿英等人
的幫助下，她再一次出逃到南京，還寫了一封〈給何鍵軍閥的公開
信〉，洋洋灑灑幾千餘字，痛斥當時湖南省主席何鍵。隨即她又從
南京轉至上海，在報考上海藝術大學時，她有了一個新的名字——王
瑩。這還是和她一同報考的一位小姊妹謝冰瑩給她取的，她們兩人都
不肯用真名，便在冰瑩兩字中各取一字化為藝名投考學校。多年後，
謝冰瑩回憶初見王瑩時這樣寫道：「她的臉長得有點圓，眉清目秀，
笑起來時顯得溫柔可愛，眼睛望著人的時候，好像有一種不可思議的
魔力在吸引對方。」（謝冰瑩〈回憶王瑩初識時〉，載1946年8月11日《經
緯》新2卷第3期）

1929年10月，愛好戲劇的王瑩加入了由阿英、夏衍等人領導的「上海藝術劇社」，這是中國共產黨在上海成立的第一個劇社，王瑩跟隨劇社參加了不少劇目的演出，比如《炭坑夫》、《愛與死的角逐》、《樑上君子》等。在演出中，她漸漸地展露出過人的表演天賦。同時，王瑩還參加了復旦劇社、辛酉劇社的戲劇演出，一開始她是被拉去當配角，但因為基礎好、天分高、興趣濃、膽子又大，漸漸地便當上了主角。在復旦劇社，王瑩遇到了第二位對她有深遠影響的老師——洪深，洪深對戲劇藝術的深刻認識讓王瑩深受啟發，在他的教導下，王瑩的表演有了長足的進步。在主演《約翰·曼利》這出著

1935年的王瑩

名悲劇時，她唯妙唯肖地把一個少婦的各種內心苦悶細膩地展現在觀眾面前。

憑著這一系列成功的演出，王瑩成了話劇舞臺上一顆冉冉升起的新星，那雙有魔力的眼睛正在舞臺燈光的照耀下表達著更為細緻而豐富的內容。

衝破黑暗的電影圈

「現在，如果有人問我，在你走過的許許多多艱難的路程中，哪一段你認為最難走？哪一段你不願意回顧？我回答，那幾年在上海做電影明星的路難走，那一段生活是我不願意回顧的。雖然，作為參加整個進步電影工作意義上講，那段時日還不算白費。」（李潤新《潔白的明星》中國青年出版社1987年版，第64頁）

王瑩曾這樣回首她的銀幕歲月，可見其中的艱辛坎坷。1933年，她懷著忐忑不安的心情，以進步話劇藝人、女大學生的身份涉足銀幕。第一次亮相是在沈西苓的處女作品《女性的吶喊》中擔任主演，「也許是缺少了複雜而切實的水銀燈下的那種生活經驗，同時，又因了她的面部的不易上鏡頭（在國外有著較好的管理燈光和化妝的專門技師，比較容易克服這困難的），結果是失敗了的。」（〈王瑩〉，載1935年9月《藝聲》第1卷第4期）這一次的失敗，對滿心憧憬的王瑩無疑是一次沉重打擊，「我深深感到了這連自己也不認識自己的慘敗，是一種不能忍受的一種恥辱的重負，這壓著靈魂深處的過重的重負，使我窒息著不能呼吸。」（李潤新《潔白的明星》，第72頁）她曾一度深感灰

心，在同伴友人的支持鼓勵下才慢慢恢復過來，加入明星影片公司，參演了《鐵板紅淚錄》、《同仇》兩劇，成績比上一部進步很多，演技也日臻成熟。

就在這時，有一件事強烈地觸動了她的神經。1934年初，電影圈中的好友艾霞服毒自殺，王瑩甚至沒來得及和她說最後一句話。震驚錯愕之餘，她深感水銀生活對人性的摧殘，加之自己一年多來遭遇的種種辛酸──人際關係的錯綜複雜、社會名流的險惡嘴臉、小報文人的含沙射影，更讓她對電影圈感到失望。撰文〈衝破黑暗的電影圈〉後，她又一次決定出逃，離開上海，東渡日本求學。1934年5月，王瑩來到日本，進入東京大學藝術系學習音樂、戲劇和文學。學習之餘，她經常觀摩日本戲劇和電影，主動拜訪日本左翼戲劇家秋田雨雀、方土與志、村山知義等，與他們探討中日兩國的戲劇史、舞臺

1934年，王瑩遠遊日本時和著名戲劇家歐陽予倩（左一）相遇於東京

表演藝術，從中汲取營養。在日本，還有電影公司以優厚報酬邀其出演宣傳「日中親善」的影片，被王瑩斷然拒絕。隨著中日關係的日益惡化，日本妄圖侵略中國的野心日益明顯，王瑩感覺日本也非久留之地。1935年初她重返中國，繼續參與戲劇演出和抗日救亡運動。

　　1935年8月，王瑩加入由中國共產黨領導的，以拍攝進步電影為主的電通影片公司，主演影片《自由神》，這是她一生所拍的最後一部影片。在這部影片中，她刻畫了一位堅強勇敢的新女性形象，細膩的演技受到肯定。和她一同參與演出的還有電通公司的另一位演員藍蘋，那時她們互相協作，感情甚篤，不想在下一部戲中卻因為選角風波而遭致決裂。

王瑩主演影片《自由神》海報

這一部戲就是夏衍根據清末名妓賽金花的真實故事創作的話劇劇本《賽金花》。夏衍以辛辣筆法將李鴻章等清廷重臣喪權辱國的行為與賽金花的愛國情操相對比，諷喻當時國民黨政府在外交上的軟弱無能。劇本發表後，引起了文藝界的強烈反響，上海業餘劇人協會決定即刻排演《賽金花》，然而由誰來演賽金花卻成了一個艱難的選擇。王瑩和藍蘋都表示想要出演這個角色，而金山和趙丹也都表示有把握演好李鴻章，雙方各有人支持，各有人反對，一時間相持不下。為此劇社負責人還請編劇夏衍來定奪，迫於無奈，夏衍出了一個和稀泥的主意：「認為可以分A、B兩組，趙丹和藍蘋，金山和王瑩，讓他們在舞臺上各顯神通。」（夏衍《懶尋舊夢錄》三聯書店出版社2000年版，第225頁）

　　然而，這邊還在為誰來出演的事爭論不休，那邊戲卻已經鳴金開鑼了，1936年11月19日，上海金城大戲院正式公演話劇《賽金花》。原來，金山、王瑩、藍蘭、顧夢鶴等人從「業餘劇人協會」獨立出來，另組了一個「四十年代劇社」，《賽金花》是他們的首演劇目。王瑩飾演女主角賽金花，男主角李鴻章則由金山扮演。演出空前成功，那年11月19日至28日，《賽金花》在上海金城大戲院連演二十場，場場爆滿，觀眾達三萬人次以上，成為新話劇運動的一個奇蹟。

　　同年十二月，王瑩他們又應邀到南京國民大戲院演出該劇，表演當日，正值京劇藝術大師梅蘭芳也在同城獻演京劇，為表敬慕之意，王瑩特地買了一個花籃贈送給這位劇壇前輩，梅蘭芳也回贈了王瑩一個花籃，兩人互贈花籃、互祝演出成功一事一時傳為美談。《賽金花》在南京的公演同樣引起轟動，這不禁使主管文化工作的國民黨

中央委員張道藩警覺起來,他嗅出了這出戲中借古喻今的嘲諷意味,不僅派人搗亂演出現場,還以「寧為玉碎,不為瓦全」為由宣佈禁演《賽金花》。

雖然演出被禁,然而一齣話劇竟能引發如此多波折,聚焦如此多人的關注,報刊雜誌紛紛載文競相報導《賽金花》劇目的演出盛況,以及牽涉其中的各種風波,一時間,主演王瑩風頭無量,譽滿劇壇。那時的她絕不會想到,風光背後竟已埋下隱憂,當年和她爭演角色落敗的二流演員藍蘋日後會成為權重一時的毛夫人江青,帶給她往後歲月中說不盡的苦楚。

飄洋過海

1937年7月7日,抗戰全面爆發,面對洶湧而來的日軍炮火,廣大民眾的愛國熱忱空前高漲,王瑩也在此時義無反顧地投入到抗日救亡的洪流中去。她和洪深、金山等人組成了「上海救亡演劇隊二隊」,步行1萬餘公里,輾轉15個省區,深入前線和農村,演出抗戰劇目。其中,在廣西桂林逗留的時間最長,取得的成就也最為輝煌,短短幾個月大小演出共達數十餘次,深受當地軍民歡迎。1939年,「上海救亡演劇二隊」更名為「新中國劇團」,由金山任團長,王瑩任副團長,率團赴香港和南洋演出,募款資助抗戰。這一次的南洋之行更是引起轟動,在新加坡打響海外演出第一炮時,「因演員之努力,劇情之動人,深得當地僑胞熱烈歡迎,接連演了四次,沒有不滿座的」,隨後他們又應南洋各地籌賑會之邀,作全馬來半島的巡迴義演,歷經

柔佛，麻六甲，森美蘭，雪蘭義等大小二十餘埠，「所至之處，都非常轟動。」（〈金山王瑩在香港〉，載1941年3月25日《中國電影畫報》第5期）王瑩是劇團中最受歡迎的女演員，甜美的扮相惹人憐愛，南洋中英文報紙都親昵地稱讚她為「馬來亞情人」（Sweetheart of Malaya）。演出雖極為成功，但因為當地政府不甚支持，在收到限期離境通知書後，劇團於1941年返回香港，不久，香港淪陷，王瑩喬裝打扮，衝過重重關卡，逃到了重慶。

在重慶的日子，除了繼續參與戲劇演出，便是積極準備一切出國事宜。原來，共產黨為了擴大國際反法西斯統一戰線，爭取美國人民更有力地支援中國抗戰，早已有心派人赴美國留學，同時演出抗戰劇

王瑩在影片《自由神》中

目。而表演才華出眾，又具有海外領
導劇團經驗的的王瑩無疑是最適合的人
選。1942年，王瑩開始了她又一次的
漂泊生涯，乘著巨輪向大洋彼岸的美國
駛去，只是這一次她不再形單影隻，她
的身邊有了一位忠實伴侶——謝和賡。
謝和賡表面是國民黨副總參謀長白崇禧
的機要秘書，實則卻是秘密打入國民黨
內部的地下共產黨員。王瑩在廣西演出
時與他相識，又在往後的不斷接觸中萌
發愛意，此時的他們背負著祖國的殷切
希望，攜著初戀的柔情蜜意一同奔赴美
國，在異國他鄉開啟一片新的生活。

1935年的王瑩

　　王瑩來到美國後，先後在貝滿女
子學院、耶魯大學文學系、鄧肯舞蹈學
校學習。她與美國作家、諾貝爾文學獎
獲得者賽珍珠，美國著名戲劇家布萊希
特，以及美國記者史沫特萊等過從甚
密，結下深厚友誼，並幫助史沫特萊擬
定《朱德傳》初稿。王瑩剛到美國的那
一年，就被選為中國代表出席在華盛頓
召開的世界青年學生代表大會，發表演
說呼籲美國人民支持中國抗日。此後她

又被美國民間組織「東方與西方文化協會」聘為理事兼任該會中國戲劇部主任。1943年春，王瑩在協會安排下，應美國政府之邀，在白宮演出街頭劇《放下你的鞭子》，受到羅斯福總統夫婦和美國高級官員及駐美各國使節的熱烈歡迎，羅斯福夫人還在演出結束後與她合影留念。1945年，通過一段時間的準備，王瑩在美創建了「中國劇團」，排演了《放下你的鞭子》、《房屋問題》、《遺產》、《壓迫》等劇，最受歡迎的便是由賽珍珠女士編劇的新作《元配》，演出「成績極好，當時各處的劇評都加以讚美，尤其是她的演技，許多人說她已入於爐火純青的地步。」（鳳菊〈王瑩在美國〉，載1946年1月26日《影劇週刊》第4期）

從1946年起，王瑩開始集中精力創作自傳體長篇小說《寶姑》。其實早在三十年代，王瑩就對寫作發生了濃厚興趣，並嘗試撰文，是影壇中有名的「作家明星」，經常在《現代》、《東方》、《婦女生活》、《申報》、《民國日報》、《大晚報》、《時事新報》等報刊上發表散文、隨筆、遊記、雜感、影評等。經過多年的筆耕不輟，她決心要將自己的經歷創作成一部文學作品，便以非常飽滿的熱情投入到日以繼夜的寫作中去。

就在寫作稿完成後不久，美國的氛圍卻變得異常緊張起來，新中國成立後，美國對新執政的中國共產黨抱以敵對態度，反共氣焰籠罩美國。1952年麥卡錫移民法律通過後，日子就難過了，1954年，王瑩和丈夫謝和賡被美國政府以違反「移民法」逮捕，流放到專門用來拘押和放逐外國移民的小島愛麗絲島（Ellis Island），後被宣判驅逐出境。雖然遭受了如此多不公正的待遇，但是重回祖國的喜悅把一切煩惱都沖淡了。他們整裝待發，迫不及待地投入祖國的懷抱。

故鄉，終點

　　1955年，經歷了十三年的海外漂泊後，王瑩夫婦終於踏上了他們旅程的終點——故鄉熟悉的土地。本以為從此可以安定地生活、拍戲、寫書，卻不想等待他們的並不是祖國溫暖的懷抱，而是一場比一場更嚴酷的政治風暴。1957年，謝和賡在「反右運動」中被打成右派，王瑩也受到牽連，失去工作，並被逐出黨組織。譏諷、冷眼、責難，撲面而來，她全都默默忍受著。1958年尾，王瑩遷到香山農舍居住，潛心撰寫長篇小說《兩種美國人》，述其在美國被捕、流放的經歷。然而深居簡出的生活並未能使王瑩逃過劫難，1966年「文化大革命」爆發，曾經和她在30年代爭演《賽金花》落敗的江青此時已晉升為「中央文革小組第一副組長」，她深感到自己在30年代的一段從影經歷不甚光彩，於是便藉各種名目對知道她底細的電影界人士展開迫害，首當其衝的當然就是早已結下宿怨的王瑩。1966年7月，王瑩被誣衊為「三十年代黑明星」、「美國特務」而關進「牛棚」，不久又被投進監獄，在多次嚴刑拷打之下，本就病弱的身體很快就垮了，1970年更是被折磨得下肢癱瘓，渾身抽搐，不能說話，卻得不到適當的治療，直至1974年3月3日病死獄中。死去的當天遺體便被匆匆火化，死亡書上甚至連一個名字都沒有，只有一個監獄囚徒的編號——6742。這個從蕪湖出逃，一輩子追求自由新生的女子，最後竟在監獄完成了她的謝幕，她終沒有逃脫，不論禁錮或者死亡。只留下兩本書——《寶姑》、《兩種美國人》，訴說她漫長的漂泊旅程和那個抵達不了的終點。

葉秋心

亂世一葉　誰識秋心

1984年2月7日下午，在湖北漢陽縣蔡甸鎮，一個71歲的孤獨老人突發腦溢血去世。

　　去世之前，她在小鎮上生活了30多年。她在鎮上的國營拉絲廠做到退休，和鎮上的一個老工人成過家。老伴死後，她把他的姪女撫養大，讓老伴的姪女頂替了自己的工作。再後來，她靠著自己的退休工資一個人生活。對於她，鎮上的人也許能絮絮叨叨回憶出許多。

　　不過，小鎮上也許不會有人知道，去世的這位姓葉的老人，五十年前曾經名揚滬上，蜚聲國內影壇。當時的影迷提起她的名字葉秋心時，還會在前面加上「模範美人」這四個字。

理想和現實的距離：從武漢到上海

　　1913年葉秋心出生在湖北黃岡倉埠（今屬武漢新洲）的一個中等人家。讀中學的時候，愛好文藝的她癡迷上了電影，是出了名的影迷。據說，當時漢口的幾家電影院放映新片的頭一天，總會看到她的身影；也是在這時，當電影明星成為葉秋心的夢。葉秋心後來回憶道：

　　「……我也是沉醉在白色幔布下的一個，我覺得天下最可驕傲，最偉大的人，就是明星……我從前的希望，不是想到白幔上去表演一下嗎？不是想賺得觀眾的一些眼淚和笑容嗎？不是想得到他人的一些讚美嗎？……」（葉秋心〈我的自白〉，載1934年2月1日《金城月刊》第二期）

　　後來漢口成立了一家影片公司。葉秋心覺得自己實現夢想的機會到了，就主動找上了門。這家武漢影片公司看她樣貌美麗，又癡迷電影，就請她參加該公司影片《什剎海》的拍攝。除了飾演角色以外，

她還在拍攝過程中積極表達她的意見，
她曾提出到珞伽山拍攝外景，此事因為
大霧未果。

　　不久以後，葉秋心就意識到，要在
這樣一個規模很小的製片公司裏實現她
的明星夢是不太可能的。她離開了那家
公司，轉入話劇界。當漢口的話劇舞臺
上演《西遊記》時，人們發現她女扮男
裝，飾演唐僧一角。這次演出，葉秋心
受到了當地觀眾的好評，她也初次體驗
到被觀眾注目和喜愛的感覺。但成為電
影明星的夢想時時掠過葉秋心的心頭。
後來在上海影壇立足後，她曾經對詢問
她的攝影記者透露，在武漢的這段時
間，她大膽地想出了一個辦法：直接給
上海「天一」公司的老闆邵醉翁寫信毛
遂自薦，最後獲得青睞。

1935年的葉秋心

　　不過，關於她來到上海進入「天
一」，還有另外一種說法。

　　在去上海之前，葉秋心已經結婚，
據說被某獨立旅長萬倚吾氏納為妾，但
是很快兩人關係破裂。苦悶的生活讓她
離開的願望愈加強烈。1932年，19歲的

葉秋心來到了上海。找到「天一」公司，她要求見邵醉翁本人，獲得同意。簡單的寒暄和問答以後，這場會面就要告結束。性格直率的葉秋心直接向邵醉翁詢問，能否獲得錄用，成為「天一」的演員，但被邵當場否定。葉秋心此行的希望瞬間破滅。回武漢意味著放棄改變生活的夢想，在上海卻不知道何處可以容身。離開邵醉翁的辦公室，葉秋心沮喪之餘更多的是對前路的迷茫。沒走出多遠，有人從身後追上了葉秋心，告訴她，邵老闆請她回去。就在這種失望和驚喜的過程中，葉秋心被「天一」錄用，進入演員訓練班。不過，她隱瞞了自己的婚史。

「模範美人」和「捧的時代」

對於邵醉翁戲劇性地改變想法，外人的評價多集中於他在公司生意上的考慮。在當時的電影公司裏盛行著「女明星中心制」，有號召力的女明星對於影片票房、進而公司盈利具有舉足輕重的作用。在胡蝶1928年離開「天一」轉投「明星」之後，天一只剩下陳玉梅一人可以與其他公司的頂尖女星抗衡。當時，明星公司在胡蝶之外，還有夏佩珍、梁賽珍、胡萍、嚴月嫻諸星，「聯華」更是集中了阮玲玉、黎莉莉、陳燕燕、王人美、談瑛、林楚楚、殷明珠、周文珠、湯天繡等人，組成當時中國影壇最豪華的女星陣容。邵醉翁早就意識到這個問題，也一直在物色有發展潛質的女演員。葉秋心外貌美麗，身形玲瓏，頗有造就為明星的可能。也許葉秋心的直率和唐突最初讓他不快而一口拒絕，或者他只是想給這個不禮貌的姑娘一個教訓。但是，邵醉翁最終決定錄用葉秋心一試，因為他也很想看看，眼前這個大膽直

率的美麗女子到底能不能學會演戲？日
後會不會受到觀眾追捧？

　　在「天一」的演員訓練班學習一
年以後，葉秋心獲得了一份五年的長
期合同。邵醉翁打造「陳玉梅第二」
的銀幕試驗開始了。在《孽海鴛鴦》和
《苦兒流浪記》的兩部影片裏，人們注
意到「天一」推出了一個美麗的新人。
看到各方積極回饋，邵醉翁開始第二步
計畫：宣傳炒作。關於當時娛樂業炒作
的程度，小報撰稿人是這樣描述的：
「現在是一個捧的時代，沒有捧了，要
成名是確乎困難的，尤其是女星，更非
捧不可……」（永康〈「模範美人」葉秋
心〉，載1938年8月15日《力報》）

1935年的葉秋心

　　可是如何宣傳葉秋心呢？她還沒
有主演過一片影片，更談不上塑造出
轟動一時的銀幕形象；很難從她的演
技和銀幕經驗入手。結果邵醉翁決定，
在葉秋心的美麗外貌上做文章。差不多
和葉秋心同時進入影壇的明星公司的徐
來，已經憑藉著「標準美人」的頭銜蜚
聲滬上。天一公司的宣傳部就針對著徐

來，為葉秋心設計出「模範美人」的稱號加以宣傳，而比較「徐來和葉秋心誰更美麗」順勢成為宣傳者有意、好事者無聊而頻頻出現在報端的話題。有人分析到：「提起葉秋心，使我又想起了徐來，的確徐來是美麗的，但有人說葉秋心比徐來更美麗，只說她一雙秋水和微浮的酒窩，就值得任何人去迷戀和傾倒……」（永康〈「模範美人」葉秋心〉）就這樣，邵醉翁的宣傳炒作奏效了：人們記住了「模範美人」葉秋心的名字和形象。

接著，葉秋心在影片《青春之火》中獲得了首次主演的機會。關於這部她首擔大樑之作公映後的反響，有記者評價道：「在輕快而活潑手法的裴芭香先生導演之下，葉秋心在她處女主演的《青春之火》中有極大的成就……《青春之火》的公映獲得很多的好評。真使葉秋心自己也不信任自己起來。」（陳嘉震〈葉秋心（模範美人）〉，載1935年8月《藝聲》第一卷第三期）「模範美人」開始紅起來了。接下來的星途看起來一帆風順：葉秋心接連主演了《吉地》、《熱血青年》、《似水流年》和《春宵曲》。在《春宵曲》中她成功飾演了擺佈男性於股掌之間的舞女珊珊一角，轟動一時。1934年，在葉秋心主演《百花洲》以後，良友圖書印刷公司出版了一套《中國女明星照相集》；總共八集，每集一星，從國內女星中依次選取了王人美、阮玲玉、胡蝶、徐來、袁美雲、陳燕燕、葉秋心、黎明暉八人。葉秋心作為天一公司唯一入選的女星，達到了她星途的頂峰。

在「模範美人」和「八大女星之一」的光鮮之下，葉秋心卻離開了「天一」。1935年，葉秋心在與「天一」的合同尚未期滿之際轉投「明星」。

離開，還是留下來？

　　《青春之火》讓葉秋心進入「天一」一年就邁出了成功的第一步，這是當初那個不容於現實、懷著明星夢孤身來到上海的**19**歲女孩難以想像到的。影片公映兩年後，葉秋心在撰文提起《青春之火》的時候仍然情難自抑：

　　「我自演戲以來，最使我留念的，是《青春之火》試映的那一夜！在《青春之火》試映後，導演裘芑香氏向我説：「你在《青春之火》裏成功了」。我不知是什麼原故，在聽了這句話後，便覺心酸，我趕忙回家，眼淚已奪眶而出，整整哭了一夜，我為什麼要哭，直到今日，我自己還不知道……」（葉秋心〈我自演戲以來〉，載1935年6月《藝聲》第一卷第一期）

　　也許正如葉秋心自己説的，她不太知道自己那天晚上為何這麼傷心；但是到主演《青春之火》之後，她漸漸感覺到了一個人的壓力。這種壓力也許從妒意開始，最終變成讓葉秋心難以容身的敵意。分析1935年葉秋心出走「明星」的原因，不得不提到她和天一公司「老闆娘」陳玉梅的關係。

　　裘芑香導演的《青春之火》講的是一個三角戀愛的故事，葉秋心在其中扮演了一位被父親強嫁給粗俗旅長、但仍大膽追求愛情甚至破壞他人婚姻的悲劇性人物劉愛蓮。天一公司的台柱陳玉梅在片中飾演劉愛蓮的情敵，和葉秋心有多場對手戲。這樣的情節和角色安排彷彿成為後來葉、陳關係的一個寓言。

　　在陳玉梅的眼中，葉秋心一直被當作她和邵醉翁感情的威脅；也許從一開始她就認為邵醉翁是因為貪戀葉秋心的美色和年輕才錄用

的她——何況葉秋心隱瞞了自己的婚史。但是陳玉梅作為「天一」台柱的地位又讓她確信：邵醉翁和「天一」都需要她這位「老闆娘」。《青春之火》公映以後，輿論隨即發出感歎：演對手戲的「老闆娘」陳玉梅儘管演技豐富，經驗悠久，但是在片中被新人葉秋心壓倒了（陳嘉震〈葉秋心（模範美人）〉）。隨著葉秋心的迅速走紅和對「天一」票房號召力的擴大，陳玉梅的警惕心也日益表現得明顯起來。個性大膽直率的葉秋心對於陳玉梅卻一直小心謹慎。她知道，要在「天一」生存下去就不能讓「老闆娘」嫉恨。這種小心謹慎，可以從兩個細節上體現出來。

回顧當時「天一」的女星們在一起拍的照片，葉秋心、范雪朋和陳玉梅三人的照片時常見諸當時的報紙雜誌，但是不管葉、范兩人什麼位置，中心位置總是留給了陳玉梅。不僅如此，葉秋心甚至在雜誌約寫的介紹自己的文章裏稱呼陳玉梅為「我的嚴師」。在這篇「自白」中，葉秋心將自己塑造成了一個幼稚、虛榮、吃不起苦的初涉影壇者，在陳玉梅的指導和糾正下，決定認真地走藝術的道路；而陳玉梅在文中被竭力塑造成了一個明顯脫離現實的「嚴師」，對著不成器的新人葉秋心說著空泛如下的道理：

「你除非不是一個電影演員，否則就有一種沉重的責任，放在你的肩上，你負著這責任，應該立刻用你的精神，你的靈魂，你的全力，挑著這付重任，向藝術線上前進，奮鬥，一刻不能停，一分也不能停，因為藝術是不停的前進著的，你要一停，你就會落後，或者被他們遺棄。」（葉秋心〈我的自白〉）

很顯然，外人看來正在星途上升期的葉秋心只能努力以這種方式來向陳玉梅表態：你才是「天一」的台柱，我非常尊敬你。但是，到了良友圖書印刷公司選取八位女明星出版《中國女明星照相集》時，由於葉秋心的入選和陳玉梅的落選，上述小心翼翼的謙讓和有意識的表態也失去了作用：葉秋心的存在成為對陳玉梅在影壇和公司地位的直接否定，對此「老闆娘」當然難以忍受。葉秋心感覺到了「天一」的環境對自己的日益不容；而當明星公司成為一種選擇的時候，離開的決定似乎不難作出。儘管邵醉翁一手捧紅了葉秋心，但對於她的離開，也只有無奈。

「天一」三星：陳玉梅、范雪朋、葉秋心（左）

一直到1937年明星公司毀於日軍炮火，葉秋心在「明星」總共只參與演出了三部電影《大家庭》、《桃李爭艷》和《女權》，沒有獲得獨立主演一部電影的機會。外界儘管有「英雄無用武之地」的評論，但是她生活得很平靜，「找不出一些沒落的象徵」（陳嘉震〈葉秋心（模範美人）〉）。

　　在當時的上海女明星裏，有所謂「四大才女」——王瑩、艾霞、胡萍、陳波兒。葉秋心雖然不在其列，但是她喜歡寫作。她會答應報刊編輯的約稿，寫寫自己的工作和生活。葉秋心在當時影星中屬於受過較好教育的人。1928年她在漢口畢業於教會辦的聖羅以女子中學，中學期間她功課優良，特別喜愛文藝，對寫作很早就產生興趣；在來到上海之前，她就在漢口的報紙上發表過文章。到了上海以後，這個習慣被保持了下來。雜誌上不時可以發現葉秋心寫的文章，她的文筆自然而有條理，有她自己的特色。透過她的文章，我們知道，拍戲之餘，她會外出半天一天接受攝影記者拍照，會一個人帶上小說、相機去公園，到了夏天還會去游泳池游泳、去飲冰室吃刨冰，夏天裏她最喜歡和最經常的消遣是乘涼。

　　「吃過夜飯，沐過浴，拿著一把扇子，在涼臺上，坐著幾個同伴，談到東，又談到西，談到天，又談到地，夜風吹過來，真是把人愉快極了。沒有心事，沒有熱，更沒有煩。」（葉秋心〈消夏〉，載1935年8月1日《電影生活》第二期）

　　在明星公司，葉秋心星途上的黃金時代一去不再。1937年明星公司毀於日寇炮火，葉秋心平靜的生活也一去不再。

　　1937年她參加了上海永安公司話劇團，後一度轉至南京春風劇團，但不久又回到上海（還有一種說法，說她迫於生計，在回上海之前，在香港做過舞女）。1938年她出演了自己的最後一部影片，林華影片公司攝製的《桃色慘案》——這是這家小公司拍攝的第二部也是最後一部影片。葉秋心愛好京劇，在滬經人介紹，與京劇演員張銘聲結為夫婦。因為張想去漢口挑大樑，葉秋心就和他回到了漢口；張銘聲在天聲舞臺掛牌演出，葉秋心也演了一段時期的「文明戲」。但這時葉秋心吸上了鴉片煙，不僅不能再登臺，而且張銘聲也遺棄她去了其他碼頭。窮途潦倒的葉秋心，再次離開武漢，隨著逃難的人流，流落他鄉。

1934年的葉秋心

抗戰勝利後，葉秋心回到漢口，主演了根據漢口的一個真實案件改編的文明戲《雙釘記》，演出場場爆滿。隨後，她加人其他劇團在湘、鄂兩省輾轉演出。1949年的春夏之交，她跟隨劇團來到漢陽縣蔡甸鎮演出，此時葉秋心做了一個決定：再也不走了。她在鎮上落了戶，戒掉了鴉片煙，經人介紹在鎮上的酒廠搬運粗糠，後來又成為國營蔡甸拉絲廠的正式工人，直至退休。在人生的後半段，葉秋心選擇了徹底和過去斷絕。至此，昔日中國影壇「八大女星」之一的「模範美人」開始了平靜而普通的工人生活，至死再也沒有離開過這個小鎮。

王人美

停不下腳步的「野貓」

1935年，因為在莫斯科國際電影節上獲「榮譽獎」的中國影片《漁光曲》，國際影人的視線略帶驚訝地瞥向了陌生的中國電影。王人美主演的《漁光曲》1934年在上海創賣座紀錄，她演唱的同名主題歌，婦孺傳唱。王人美的學生風味和潑辣粗獷的性格迥別於其他女星，有「野貓」之稱。可是，一波未平一波又起的人生，「野貓」的自由和野性能維持多久？

從革命之家到明月歌舞團

　　和黎莉莉、徐來、周璇一樣，王人美也是黎錦暉所創歌舞團培養出的中國最早一批現代歌舞演員。

　　王人美原來叫王庶熙，原籍湖南瀏陽，1914年生在長沙。母親一共生了十個孩子，只有七個長大成人，庶熙最小，家裏人親切地叫她「細細」。父親王正樞是湖南有名的數學教員，在省立第一師範任教，毛澤東曾是他的學生。因受王正樞的器重，求學時代的毛潤之曾住在王家過了一年暑假，那時庶熙很小，僅有浮光掠影的記憶，建國後毛澤東見到王人美，還問起她兒時家中情形。

　　庶熙7歲，母親因腦溢血病故。12歲她進入省立女子師範學校，穿上了灰衣黑裙的校服，也許受父親的影響，她對數學興趣挺高，後來成了歌舞演員學會國語，只是遇到算數，仍會不自覺地用湖南話加減乘除，同伴們笑話她有個湖南算術腦袋。父親被黃蜂蜇了一下，化膿成疾，竟惡化不治。父親的突然辭世和風雲變幻的時代洪流，使得庶熙無憂無慮的童年戛然而止。沒有父母的庇護，庶熙全靠哥哥姐姐

撫養，隨家人到武漢生活，連初中一年
級都沒念完。1927年「四‧一二」政
變的消息衝擊了武漢三鎮，汪蔣合流反
共，搜捕屠殺左派人物，投身大革命的
王家兄妹驚鳥四散。

　　庶熙和三哥王人藝、二哥王人路逃
往無錫暫避，幹革命丟了工作的人路無
力負擔幼弟弱妹，把庶熙和人藝送到黎
錦暉在上海開辦的美美女校，這是中國
最早的歌舞學校，不收學費並供食宿；
人藝在武漢學過小提琴，分進樂隊，庶
熙則分進歌舞班。美美女校是中華歌
舞專門學校（時稱「歌專」）和中華歌
舞團之間的過渡，女校只存在了兩三
個月，專職老師很少，由原來「歌專」
的一些學生充任小先生，教新來的孩子
們練習歌舞基本功。學校僅有一幢三層
樓的老房子，教室、宿舍、飯廳無不狹
小擁擠，幾十個孩子吹拉彈唱，更是吵
鬧不堪。庶熙的性格完全不像她的小名
「細細」那樣纖弱，她從小是一個蹦蹦
跳跳、活潑好動的姑娘，很快適應了新
環境。為演出方便，黎錦暉建議庶熙

1931年的王人美

改一個更通俗的名字，庶熙家鄉舊俗，只有男孩才能排輩，比如她的哥哥們名字中都有「人」，黎錦暉說，女孩一樣可以排輩，於是想了「人美」二字，庶熙欣然接受。

　　長沙，武漢，無錫，上海，王人美的下一站是天地更廣的南洋。1928年5月，她隨黎錦暉帶領的中華歌舞團乘船到新加坡、檳榔嶼、曼谷、麻六甲、雅加達、蘇門答臘等地演出，歷時十個月。這些大多是英國、法國、荷蘭的殖民地，表演中國歌舞、宣傳國語和國民革命的歌舞團，受到華僑熱烈歡迎。14歲的王人美還只能演些配角，不過能分得場費，由於表現好，場費從2元漲到4元。

　　次年歌舞團解散，王人美回到上海，進入南洋招商附屬英文專科學校，雖然英語一點兒也跟不上，但是恰逢學校籌備歡迎會，她大膽自信地組織歌舞表演，因而學校聘她兼任歌唱教員，她居然從學生變成了月俸10元的老師。黎錦暉召集部將重振旗鼓組織明月歌舞團，王人美和黎莉莉從「英專」返回「明月」，隨團到北平、天津演出，還遠征東北，王人美、黎莉莉、薛玲仙、胡笳贏得了「四大天王」的美名。王人美和黎莉莉都是無家可歸無依無靠，把歌舞團當成家，在舞臺上長大，豐富的表演經驗和紮實的歌舞基礎，對她們以後在銀幕上塑造角色，多有助益。

　　從明月社走出的王人藝鑽研小提琴，成為小提琴演奏家和教育家，王人美則踏進電影圈，成為三十年代紅遍大上海的「野貓」。

從「野玫瑰」到「野貓」

1931年，各家電影公司爭相研製有聲片，一旦實現有聲拍攝，把歌舞搬上銀幕將是吸引觀眾的一大法寶。聯華公司總經理羅明佑頗有先見地吸納明月社，改為聯華歌舞班。王人美和夥伴們拍了幾部歌舞短片，有的未能放映，有的穿插在朱石麟編劇、史東山導演的《銀漢雙星》中。

王人美在影片《野玫瑰》中的表演

從美國留學歸來的孫瑜導演常到歌舞班來，還隨團去蘇州、南京等處公演，其實他在物色有潛力的新面孔，與這些大孩子處熟之後，他決定先試用16歲的王人美。有感於「九・一八」日本侵佔東三省的緊迫時局，孫瑜編寫了《野玫瑰》的劇本。藝專學生江波開著小汽車到吳淞海邊寫生，路遇漁行雜工的女兒小鳳，小鳳破衣爛衫，但她滿身淋漓的活力和靈氣，一下子吸引了這位久居都市的少爺。生於豪門的江波一點兒不把富家小姐放在眼裏，而對小鳳既同情又愛憐，為了照顧失去爸爸和破

船的小鳳，毅然離家。他們和另外兩個小人物朋友在崎嶇人生路上相互扶持，還攜手參加義勇軍抗日。孫瑜主張，「演自己」是新人初上銀幕最合適的實踐開端，他筆下的小鳳，正是照著王人美的神情模樣來刻畫的。小鳳是個孩子王，披散頭髮，打著赤腳，帶領窮孩子們拿自製的木槍、竹炮、草盔、紙甲作「軍事演習」。這恰恰是王人美之所長，她在歌舞班就是孩子王，這位「王姐姐」要教小學員們練唱習舞，給她們梳頭洗澡，還要陪她們逛公園和游泳呢。《野玫瑰》中的一大群孩子由歌舞班的小學員扮演，王人美和他們邊拍電影邊玩耍，有時自己都糊塗了——我是電影裏的小鳳，還是歌舞班的王姐姐？儘管是默片，小鳳爽朗豪邁的笑聲息息可聞，神氣活現的野丫頭模樣生動可感。孫瑜有「詩人導演」的美譽，他用無聲的銀幕充分發掘了王人美身上獨特的閃光點。《野玫瑰》好像林間小鳥的啼鳴，清脆，輕盈。孩子一般的王人美晶瑩透徹的眼神，可洗去人們心頭的塵埃。

從沒想過要拍電影的王人美，因《野玫瑰》一炮打響。「片中小鳳健康活潑的形象在銀幕出現後，使得當時那些『病態美』、『捧心西子』式的女主角們的寶座開始動搖了。」（孫瑜《銀海泛舟——回憶我的一生》，上海文藝出版社1987年5月第一版）然而這成就卻屬無意得之，王人美坦言16歲演《野玫瑰》時根本不懂表演。「我不想當什麼明星，也不想去模仿那些明星。我覺得小鳳的性格氣質和我相近，我很容易理解她的感情。我膽子又大，不害怕攝影棚裏的燈光、鏡頭。我也還比較能吃苦，不抱怨夜以繼日的拍攝。所以我就像平常那樣說著、笑著、玩著，拿木盆在坑裏劃來劃去，從窗口跳進跳出。」影片在1932年「一・二八」的炮火聲中完工，公演後，王人美成了明星，

她真有些「莫名其妙」。（《我的成名與不幸》，王人美口述、解波整理，上海文藝出版社1985年11月第一版）

就像這部成名作的片名，王人美恰似一株帶刺的玫瑰，不為別人的觀賞，扭捏地開在花房裏，而是長在山野沙礫中，受著自然界的雨露，迎風綻放。

「一・二八」之後，「聯華」老闆稱緊縮開支，遣散了歌舞班，王人美回到重新恢復的明月社。1933年春，明月社宣告解散，王人美和聯華二廠正式簽訂合同。離開明月社無處可棲的她搬到二哥王人路家裏住，隔壁鄰居是青年編導蔡楚生。此時王人美已經和蔡楚生合作了《共赴國難》、《都會的早晨》和有聲片《春潮》，彼此相熟。蔡楚生新寫了講述漁民悲苦生活的劇本《漁光曲》，邀請王人美出演女主角小貓，與哥哥小猴（韓蘭根飾）相依為命的漁民之女。攝製隊開赴浙東象山縣的石埔漁鎮拍攝外景，這是一個蕭條破敗的小鎮，鎮上的旅館僅有油燈照明，臭蟲肆虐。聯繫漁船也大費周章，他們只租到一條小漁船，稍有風浪就顛簸得厲害，許多演職員都暈船嘔吐，只有王人美活躍照舊，她從小愛跑愛跳身體結實，下南洋時又坐過海輪，所以在小漁船的甲板上跑動自如。病號增多，加上連日陰雨，《漁光曲》只能「兩天打魚三天曬網」。王人美跟著蔡楚生到漁民家去串門聊家常，瞭解漁民的真實處境，她還學會了搖櫓。影片中，王人美電燙過的頭髮弄平了，紮一個大辮子，卷起袖口與褲腳，活脫脫一個風浪裏長大的漁家姑娘。「我演《漁光曲》中的小貓有些進步，不再是演自己，而是體驗到了小貓的生活，感受到了她的思想、性格，使自己逐漸變成了小貓。」（《我的成名與不幸》）

耗費18個月之久，《漁光曲》終於完成，王人美沒讓大家失望，「小貓」自然出之，延續了她在《野玫瑰》中清純質樸的氣息，毫無忸怩作態。影片對殘酷現實不帶矯情的白描，引起那個時代為生活苦苦掙扎的人們的共鳴。1934年6月14日，時值上海罕有的酷暑，《漁光曲》在金城大戲院公映，連映84天，創造國產片最高上座紀錄。不僅轟動國內，《漁光曲》還於1935年獲蘇聯莫斯科國際電影節「榮譽獎」，成為我國第一部在國際上獲獎的影片。

　　今天見到的《漁光曲》略有殘缺，不過仍可強烈感受到創作者對其時代的審視與控訴，小貓、小猴等主人公的悲喜，在同名主題歌的烘染下更為動人。當時國內還處於對有聲片的探索中，電影《漁光曲》沒有對白聲音，蔡楚生一再爭取，用國產錄音設備錄下主題歌在片中播放。歌曲《漁光曲》由任光作曲、安娥作詞，王人美唱來淒清哀婉，隨著影片熱映，這首歌像撒出去的漁網，網住了上海的角角落落，大人小孩都會隨口哼唱。

　　王人美的平民形象讓人親近，她略帶野性的魅力、未經雕琢的韻味又讓人過目難忘。「小貓」深入人心，從此王人美被親切地喚為「野貓」。抗戰結束後，一位雜誌記者回憶起王人美黃金時代的風采，筆下猶激情湧動。「那時候，她是名符其實的虎一般的『野貓』，一身『黑勃溜湫』，跳跳蹦蹦，彷彿人世間的歡樂盡屬於她，她是那樣活潑，是那樣有生氣。」（葉思〈家貓——王人美〉，載1947年7月16日《藝聲》第一期）

　　每一個中國人都知道的〈義勇軍進行曲〉，其實是電通公司攝於1935年的《風雲兒女》的主題歌，這是一部以抗日救國為鮮明主題的

電影。王人美扮演被日寇侵佔家園流落
到上海的阿鳳，阿鳳為生活所迫加入歌
舞班。片中，王人美藉阿鳳之口，唱出一
曲〈鐵蹄下的歌女〉。

「我們到處賣唱，我們到處獻舞。
誰不知道國家將亡，為什麼被人當作商
女？為了饑寒交迫，我們到處哀歌，嘗
盡了人生的滋味，舞女是永遠地飄流。
誰甘心做人的奴隸，誰願意讓鄉土淪
亡，可憐是鐵蹄下的歌女，被鞭撻得遍
體鱗傷。」（〈鐵蹄下的歌女〉）

拍攝阿鳳演唱的這場戲，舞臺是
在攝影棚臨時搭建的，也許回憶起自己
的歌女生涯，王人美很快融入角色，以
充沛的感情一次錄音成功。阿鳳唱歌之
前，有兩個姑娘跳了一小段西班牙舞，
這是明月社最後招收的兩位學員周璇和
白虹，成為歌影明星之前，她們在《風
雲兒女》中跑龍套。

《風雲兒女》中的阿鳳，也許換
下學生打扮、撐船拉上漁網，就是《漁
光曲》中的小貓，也許展開愁眉、和孩
子們混跡一團，就是《野玫瑰》中的小

1935年的王人美

鳳,也許只要移開攝影機撤掉導演,不需要很多調整,她們馬上就變回王人美。王人美塑造了這些被電影史銘記的經典角色,都是本色演出,角色和演員本人並無多大差距。晚年在回憶錄中,王人美對此作了分析。

「我自己不懂什麼表演藝術,也不喜歡拿腔拿調地說話,裝腔作勢地表演。我在鏡頭面前就像日常生活那樣去說話、去表演。今天看起來,我的表演比較自然、本色。這並不是我有高超的表演技巧,只能說我沒有進入表演之門,把生活和表演混同起來。我對自己熟悉的或者能夠理解的角色,一般說來能夠演好,而對不熟悉的角色就演不好。這個弱點後來暴露得越來越明顯,也造成了我精神上的痛苦。」(《我的成名與不幸》)

三十年代(抗戰全面爆發之前)是王人美在銀幕上的全盛時期,除了以上幾部代表作,她對一輩子留下的作品感到滿意的並不多。由此她反思從影道路,客觀地評價了自己的先天條件和成功契機,「我長得並不美,我是以活潑、健康、粗獷的形象闖進銀幕,從《野玫瑰》到《漁光曲》,我的充滿青春活力的表演使觀眾耳目一新,贏得了越來越多的讚美和掌聲」。成名後拍攝的《小天使》、《黃海大盜》、《長恨歌》和《壯志淩雲》,她則認為「沒有突出的表現」,並且未曾警覺(《我的成名與不幸》)。

1938年春天,在吳永剛編導的影片《離恨天》中,王人美分飾母女二人。她「朦朦朧朧地感到,銀幕上沒有雜技班的母女兩代,只有化妝不同的王人美」。她覺得不能說服觀眾這是兩個不同的人物。她意識到或許該從頭學起,但是把自己推倒重來,她又十分茫然。

「回想起來，過早成名使我不能清醒地對待自己，一旦意識到不足，電影明星的地位又使我失去了搏擊和闖蕩的勇氣。」（《我的成名與不幸》）

「電影皇帝」和「倔老頭」

「野貓」嫁給「電影皇帝」是1934年初的特大新聞。《野玫瑰》中，失去父親和家園的小鳳（王人美飾）得到青年畫家江波（金焰飾）的收留與幫助，銀幕之下，漂泊異鄉的王人美和金焰心心相吸，築起愛的巢窩。金焰曾在報章發起的明星票選活動中，獲「影帝」稱號，是三十年代最紅的小生。

據1933年12月《電影》雜誌第28期記載，一九三三年的大除夕，報紙上刊載著一則很使人注目的啟事：

「同志們：我們定於國曆二十三年一月一日上午一時結婚，導演孫瑜先生是我們的證婚人，為要避免一切不需要的消耗，我們不預備喜酒。也不收任何禮物，僅僅的藉新年第一日的第一時，極簡單的來完成這個『婚禮進行曲』。請原諒我們不再另行通知，這樣在報上登一下就算數了，敬祝新年快樂

金焰　王人美同啟　　十二月三十一日」

1934年元旦，在聯華公司除舊迎新的晚會上，新年凌晨一點鐘的時候，孫瑜當眾宣佈金焰和王人美結婚，並對王人美説，「希望野玫瑰保持她的美，她的香，她的刺」（海棠〈王人美金焰結婚〉，載1933年12月《電影》第廿八期）。白虹和胡笳唱起婚禮進行曲，聶耳拉

1935年的王人美

著小提琴，新人穿平常的藍布褂接受朋友道賀。

　　金焰出身朝鮮抗日志士之家，從影過程中又受「田老大」（田漢）影響很深，就像他的名字，金焰為人熱情，拍攝了許多進步影片。與王人美相識後，有一次金焰責罵她在明月社的歌舞演出是「賣大腿」，惹得王人美很生氣。不過和金焰共處以及和「田老大」等左翼影人接觸，王人美也與之氣味相投，哪怕最紅的時候，她都保留著樸實的學生味，平日短裙布鞋，不登高跟鞋，不施脂粉，不去跳舞廳和夜總會。攝影場的生活艱辛自知，有時會不分晝夜地趕戲，不少導演和演員為了提神染上鴉片癮，也是司空見慣心照不宣的現象。金焰對此十分反感，認為勤於鍛煉，才能敏於思想，才能應付高強度的拍攝任務，常常帶著王人美一起游泳、打籃球，打網球。他們住在徐家匯時，附近的漕河涇是樹木蔥蘢的野崗，金焰給自己和妻子都訂製了全套的馬褲馬靴，常常背上獵槍去打獵。王人美還學會了開

車和騎馬。新婚不久，王人美懷孕了，
可是她難收「野性」，照樣打球游泳，
結果孩子早產，只有幾天就夭折了。

　　1937年夏天，「八‧一三」的炮
火摧毀了滬上電影業，許多朋友毅然離
開日本人步步進逼的上海，或內遷或赴
港，金焰和王人美卻按兵未動。次年王
人美分別在張善琨的新華公司和華新公
司主演了《黃海大盜》和《離恨天》。
電影業逐步回暖，可是戰爭已經給城市
投下巨大陰霾；戰爭叫停了，這對明星
夫婦的優越生活，也許還將開始蠶食他
們的感情。

　　日偽企圖脅迫金焰為「大日本帝
國」拍電影，因遭拒絕，開始監視金焰
一家的生活。在吳永剛的籌畫和眾多好
友協助之下，金焰和王人美在1938年
秋天逃離魔掌。他們先到香港暫避，不
久應孫瑜邀請，夫妻共赴昆明拍攝《長
空萬里》，金焰戲份較重，王人美只
是客串。拍完《長空萬里》，他們在
九龍安家。

1936年的王人美

1941年12月，太平洋戰爭將戰火蔓延到香港，王人美曾經歷驚險一幕。她和金焰、好友吳永剛躲在中國銀行的一所倉庫裏，兩天兩夜未進水米。金焰和吳永剛冒險出去尋找食物，走出沒多遠就被日本兵抓住當勞力扣押，兩人九死一生逃出日本兵營，王人美則拖著快要餓昏的身軀，獨自脫險。

從淪陷的香港，王人美和丈夫步行兩個月才逃到桂林。金焰去重慶謀出路，然而大後方膠片奇缺，無片可拍，改做生意又常常吃虧上當。王人美留在桂林，一直等不到工作機會。夫妻倆在大後方聚少離多，只在重慶和成都有過短暫的相會。王人美到昆明參加劇社，劇社解散後因無以謀生，報考美軍總部物資供應處昆明基地的英文打字員。戰後金焰通過美國學校的函授學習建築，王人美幫忙打字，這回派上了用場。獲得打字員的職位，她還搬進了基地的集體宿舍。

正當生活漸漸平穩，她收到金焰的來信。戰時的家書本該是最溫暖的消息，可是王人美卻讀到了離婚二字。

「抗戰爆發後，金焰和我缺少共同生活，缺少互相瞭解。金焰有強烈的愛國心，很想為抗戰出力，但是他也認為丈夫應該養活妻子。他不贊成我獨自參加大鵬劇社，更反對我冒冒失失報考英文打字員。他不瞭解我經歷流亡生活後的思想變化。烽煙遍地，哀鴻遍野，我怎麼能安心當一隻家貓？怎麼能安心無所事事？我能夠做一些工作，做一些自以為對抗戰有益的工作，心裏才覺得安穩、踏實。但是他不理解我，認為我傷害了他的自尊心。」（《我的成名與不幸》）

這段話中提到的矛盾，其實新婚時已埋下伏筆。朋友們說婚後的王人美從「野貓」變成了「家貓」，電影雜誌對王人美的轉變也多有

報導。起初她並不感到刺耳，還有些心安理得，覺得金焰處處比自己強，無形中把自己置於附屬的地位，她和電影公司簽合同，都由金焰全權包辦。

戰爭將兩人的生活軌跡拉大了距離，遺憾的是，心靈的隔閡也越來越深。沒有爭吵，沒有眼淚，只因愛情無可挽回地冷卻，王人美再三考慮金焰在信中提出的離異要求。他們離婚了。

金焰後來和比他小12歲的秦怡走到一起，而王人美孤單一人過了十年。

1955年，經朋友撮合，王人美和離婚獨居五年的畫家葉淺予結婚了。王人美在回憶錄中稱葉淺予為「倔老頭」，葉淺予則把這段夫妻生活概括為「磕磕碰碰」。「在我一生的四次婚姻中，王人美是和我共同生活時間最長的，但是由於我們在世界觀、人生觀和生活習慣等方面差異很大，三十多年來始終磕磕碰碰，貌合神離，兩人都不幸福。」（葉淺予著《葉淺予自傳：細敘滄桑記流年》，中國社會科學出版社2006年2月第1版）

婚後生活的不合拍源於婚前的隔膜和倉促結婚，「彼此對性情脾氣都不甚瞭解」，因兩人都是社會知名人士，有一定透明度，所以交往了幾個月，葉淺予直率地提出結婚，王人美也就答應了。從辦喜酒，她就開始領教這個「倔老頭」。這一年葉淺予47歲，王人美41歲，他們本不欲聲張，可是走漏風聲，朋友們紛紛送來賀禮。葉淺予說請老朋友們聚餐作為答謝，郭沫若、于立群、陽翰笙、吳祖光、丁聰、黃苗子、郁風等幾十個人擁進四川飯店，葉淺予花了將近二百元錢，回去路上告訴王人美，他已經破產了，因為他從不愛攢錢，全部

財產只有二百元。王人美又好氣又好笑，只能自己掏錢去買必需的日用品。

王人美從「北影」宿舍搬到大佛寺西街47號葉宅，兩人生活在一個屋簷下，更加矛盾頻發。王人美眼中的葉淺予「是個好畫家，卻不是個好丈夫」，說他「除了懂畫，別的什麼都不懂」，家中裏裏外外的事全要王人美操心，她感歎道：「葉淺予是個過於沉浸在事業裏的人，當這種人的妻子真不容易！」（《我的成名與不幸》）葉淺予則發現王人美「性格急躁、又好強，硬要擺出當主婦的身份」，由此在家務上引發爭執。（《葉淺予自傳：細敘滄桑記流年》）結婚才一個月，兩人頂撞起來，王人美氣得要離婚。

1956年，王人美經文化部批准，赴青島參加馬列主義理論學習班，葉淺予以家屬身份去玩了幾天。結婚一年間衝突不斷，互相積壓了不少成見，青島行讓夫妻二人放鬆心情，放下包袱，葉淺予稱為「重度蜜月」。葉淺予回家後和王人美書信往來，一起耐心和坦誠地反思婚姻癥結，研究如何「求同存異」。葉淺予還提出，當初結婚太快，「應該補一補戀愛的課程」。互相的包容和扶持讓這兩個一路摸索生活藝術的藝術家，相攜走過三十年。

建國後因感染肺結核治療期間的藥物作用，和政治運動無情無休的衝擊，1952年和1958年，王人美兩度精神失常。事後她總結病因說，「解放以後，社會上、文藝界有同志對像我這樣的演員有偏見，這是事實。可是，更重要的，是我自己把過去的歷史當作重負。長期以來我總覺得明月歌舞團和三十年代的經歷是不光彩的歷史。因此我自卑、疑慮，生怕旁人看輕我，組織上不信任我」（《我的成名與不

辛》）。「文革」前王人美未停止拍片，1950年她在秦怡主演的《兩家春》中演婦救會的農村幹部，1954年到1962年間又在《猛河的黎明》、《青春之歌》等片中演出，多為配角。「文革」襲來，從前的「野貓」落得的罪名是：「三十年代的黑貓」，「文革」後期她在幹校勞動時，還被逼得復發精神病；老伴葉淺予則經歷了「三年牛棚七年牢」。

挨過浩劫，老境已至。1980年王人美騎車跌倒，突發腦血栓病，導致半身偏癱。葉淺予描述，著急治病的王人美急躁脾氣愈演愈烈，家裏的保姆阿姨走馬燈一樣換了又換。1986年，所住甘雨胡同拆遷，王人美和葉淺予搬出，分居兩處，夫妻倆走親戚似的互往探望。就在這一年12月，王人美從醫務所走回北影招待所的路上突發腦溢血，全身癱瘓，口不能言，四個多月後，完全依賴人工措施維繫的生命終於不堪以繼。而此時，三十多年的生活伴侶葉淺予，因心臟病也囚於病床，連告別儀式都不能親赴，只能從空軍總醫院的視窗，念一首悼亡詩，向空中默默遙祭。

趙丹

比電影更傳奇

《十字街頭》，《馬路天使》，《烏鴉與麻雀》……早期中國影壇這幾部最經典的作品，都少不了趙丹的身影。如果銀幕上少了趙丹，將失色多少！銀幕上的他光芒四射，一身是戲，銀幕下的他，跌宕起伏，一生是戲。他蹲過兩次大牢，經歷過妻離子散的創痛。趙丹的生命，比電影更傳奇。

小小劇社，親近左翼

　　祖籍山東的趙丹1915年出生在揚州，從小生長在江蘇南通，當時他叫趙鳳翔，是個好動、好模仿的男孩。父親趙子超在南通開了一家影劇院，喜歡賦詩飲酒古玩字畫，常把小鳳翔帶在身邊磨墨寫字。八歲時小鳳翔還學了拳術。南通旺族張謇致力扶植國劇（京劇）和「文明戲」，喜慶節日邀請北京和上海京劇界的名角到南通唱堂會，梅蘭芳、程硯秋、余叔岩等都到過南通。因父親的關係，小鳳翔恭逢其盛，看到名角同台合演，還常常溜到後臺玩。戲劇在他懵懂心裏烙下深刻印記。

　　有一年春節，喜歡表演的小鳳翔張羅了一次家庭演出，還做了戲票「賣」給七大姑八大姨，讓她們憑票入座，化了妝的小鳳翔鳴鑼開唱《空城計》。

　　從小學起，鳳翔就是文藝積極分子。進入中學，他與好友顧而已、錢千里等組織「小小劇社」，他被大家推為社長。他們自己動手準備燈光、佈景，自己兼任導演，演出歌舞和文明戲。當時鳳翔的中學校長是顧而已的父親，鳳翔的父親又是電影院經理，所以劇社在電影院演出不要租金，排練時學校也不做曠課論。

　　「小小劇社」走上正規話劇的道路，是在1929到1930年間。鳳翔的父親忽然趕時髦起來，邀請「上海摩登社」、「上海藝術劇社」到南通演出，鄭君里等一批新文藝青年恰在其中。熱情的鳳翔很快和他們成為朋友，之後劇社開始大量排練田漢的劇作。鳳翔還邀請鄭君里來指導，「小小劇社」由此劃清了「文明戲」和演話劇的兩種截然不同的方法。同時「小小劇社」開始被納入左翼劇社運動的領導之下。

　　不久鳳翔考進上海美術專科學校，學的是中國山水畫。這是一所偏向自由化的學校，劉海粟任校長，傅雷任教務長，趙丹所在的國畫系主任是黃賓虹，班主任則是潘天壽。師資力量雄厚，文化思潮迭起，各式學會、劇社好不熱鬧。趙鳳翔風風火火地搞學生運動和「美專劇團」。一位學長為他起名「丹」字，演戲時他就開始用「趙丹」的名字。

放下畫筆，走上銀幕

　　從「美專」畢業，趙丹卻放下了畫筆。權衡繪畫與表演，他更熱愛後者，演戲更適合他熱烈、奔放的氣質。1932年底上海美專校慶公演，趙丹在話劇《C夫人的肖像》中演男主角——一個畫家，明星影片公司老闆張石川結伴洪深、李萍倩等在台下觀看，對趙丹演技頻頻點頭，希望他加入明星公司。李萍倩導演約趙丹先從客串演員做起，不簽合同，報酬每月30銀圓。

　　17歲的趙丹，第一部戲是默片《琵琶春怨》，他扮演一個鏡頭不多的小配角。從「美專」畢業後，趙丹與明星公司簽約，月薪50銀

圓，後來逐步增加為70銀圓、100銀圓、150圓⋯⋯趙丹也憑藉他的靈氣和經驗，漸漸在影壇嶄露頭角。1934年，趙丹在「明星」公司全明星參演的《女兒經》一片中的表現得到媒體好評：「在《女兒經》裏有著非常成熟影技的趙丹，被輿論界一致地譽為最有前程的新人，他懷有一副敏靈的天資，對自己所飾劇中的角色都是有充分的理解，在目前電影圈內，趙丹無疑是一個非常的演員，《女兒經》一劇裏是已以超越的演技而獲得了高度的評價，引起整個影壇的注目，明星公司當局對這藝人也有充分的善用，所以給他的地位已非常的優越了，從《女兒經》他已單獨的充當起幾萬尺軟片中的主角，一般年青的女學生對他懷著敬仰⋯⋯」（陳嘉震〈趙丹〉，載《藝聲》第一卷第一期 1935年6月）在媒體眼中，這位新人適合扮演帶有「感傷氣氛的或神經質的」角色，表演時「過於賣力」而顯露出「舞臺劇」的痕跡，在日常生活中，他「滿臉充滿著青春的活躍光輝」，走起路來一肩高一肩低，嘴角掛著一絲微笑，「好像是對什麼都有一點輕視」，老是歪戴帽子，手裏夾著一根煙擺酷（張志銘〈趙丹：值得推薦的新人〉，《時代電影》1934年12月5日第一卷第七期）。

在進入明星影片公司第一年的1933年，他就參加了六部影片的拍攝。在開頭的三、四年裏，趙丹過著舞臺和銀幕「兩棲」生活。到1938年，23歲的趙丹已經拍了30多部影片。據趙丹後來回憶，當時「三、四月就拍一部戲。一拍片，勁頭就來了。半夜拍片，早上睡個覺，下午演戲，晚上往往還要加個晚場，也不感到累」（趙丹《地獄之門》，2005年8月文匯出版社）。

1937年，22歲的趙丹參與完成了兩部傑出的「新現實主義」影片：《十字街頭》和《馬路天使》。《十字街頭》是一部描寫上海灘上四個「畢業即失業」的大學生艱難尋找出路的青春片。趙丹飾演的「老趙」儘管生活窘迫不堪，但他哼歌曲、窮打扮、惡作劇、談戀愛……而他在《馬路天使》中扮演的吹鼓手「陳少平」更是朝氣撲面，活力四射，儘管是位於社會最底層的小人物，他和四個結拜兄弟——賣報的、販水果的、剃頭的和揀垃圾的卻整天高高興興玩玩鬧鬧。「陳少平」和周璇扮演的「小紅」在閣樓上隔著弄堂透過窗戶唱歌、扔蘋果的情景更是成為國產片歷史上讓人難忘的經典場面。

趙丹與程步高、舒繡文合影（1934年）

由於影片角色適合自己的性格和演技發揮，趙丹拍來格外賣力。他在拍攝《十字街頭》時每天都要比別的演員早去，花兩個小時化妝。當時袁牧之從日本回來，送給他一盒日本舞臺上用的色彩眾多的化妝品，他幾乎把裏面所有的色彩都用上了。結果影片放映出來的時候趙丹發現，有些顏色一條條、一塊塊地浮在「老趙」的臉上（趙丹《地獄之門》）。

　　鄭君里比趙丹年長4歲，在演劇事業上，也是趙丹最早的帶路人。1948到1959年間，趙丹和鄭君里合作拍攝了《烏鴉與麻雀》、《我們夫婦之間》、《聶耳》、《林則徐》四部影片，一導一演，配

趙丹在影片《夜來香》中

合默契，這四部戲都很成功，其實這都是吵架吵出來的。他們兩人都是性格激烈堅持己見，遇到分歧互不買賬直爭到面紅耳赤。

「文革」浩劫，59歲的鄭君里在1969年被四人幫迫害致死，當時趙丹正困頓牢獄，熬到1973年出獄後才聽說了鄭君里的死訊，在「文革」後期的一天夜裏，趙丹不顧時局仍然緊張，和張瑞芳一起專程到鄭君里家看望其妻子兒女。

妻離子散，人生如戲

1936年春天，趙丹和葉露茜、唐納和藍蘋（江青）、顧而已和杜小娟這三對情人在錢塘江畔的六合塔下舉行婚禮，名律師沈鈞儒主婚，好友鄭君里在場見證。斯情斯景，浪漫惹人羨。

可是燦爛美好的畫面，卻以痛徹心扉的悲劇收場。

葉露茜和趙丹的紅娘也是戲劇。葉露茜讀高中時，業餘愛演話劇，在為水災難民募捐演出話劇《奇蹟》時，該戲導演金山請趙丹等去看戲。散了戲大夥到後臺祝賀，演葉露茜弟弟的小夥子有一幕要熱烈地親姐姐的臉，趙丹朝他胸口就是一拳，咬牙切齒地說，「你怎麼可以親她臉？」小夥子聽出弦外之音，故意激他：「你懂不懂演戲，因為我愛他，所以要親她。」趙丹更來氣了：「反正我不准你親她的臉！」趙丹的無理取鬧惹得朋友們大笑。等葉露茜卸完裝，趙丹就拉著她上街。這種閃電式的進攻很奏效，不久葉露茜也芳心暗許，斷然謝絕其他追求者，兩人情投意合互視知己。

正好朋友中另外兩對戀人也正是如膠似漆，他們醞釀了三對佳偶聯合結婚的創舉，於是有了六和塔下羅曼蒂克的「藝人綺事」。這一年趙丹21歲，葉露茜18歲。

　　有一本書和一個地方改變了趙丹，也改變了葉露茜的一生。杜重遠所著《盛世才與新新疆》展示了一派新貌的人間樂土，當時抗戰失利國共不合，杜對社會主義式新疆的描寫誘惑著內地一些尋求「新路」和「生路」的人，趙丹和朋友奔著書中的社會主義理想王國而去，想像著那是一個自由安寧無拘無束的藝術天地，能實現他胸中蓬勃跳動的各種藝術暢想。然而帶著妻兒而去，他們還是比較慎重。在動身去新疆之前，他們曾經通電到新疆去徵求當地政府的同意，新疆當局回電表示歡迎。他們原來打算只想在新疆待上了一年半載，再轉到別的省份中去。

　　此時趙丹和葉露茜第二個孩子苗苗（趙茅）才4個月大，一行十多人到達新疆首府迪化（今烏魯木齊），已先期赴疆的茅盾見到他們不喜反驚，說正想辦法託人帶信，叫他們不要來呢，這地方連拍照都有人盯著，形勢非常複雜！一席話把趙丹澆個透心涼。趙丹和朋友們成立的「新疆實驗話劇團」過了半年多太平日子，風聲日緊，幾位從內地來的文化人陸續被新疆「督辦兼主席」盛世才投入大牢，趙丹也在劫難逃，吃盡了嚴刑拷打之苦和逼供誣陷之冤。

　　一開始他們被戴上了一頂「汪派特工」大帽子，經過五次重刑，在不招就是死的情況下，這一群禍從天降的藝人，只好胡亂的認罪。認罪之後也未經過宣判，就糊里糊塗地被收押了起來。幾年以後，新疆當局為了向中央政府交賬，決定替他們換了一頂「共匪」的帽子。

怎麼換呢？改口供。在改口供時，趙丹和法官進行的對話如下：

「『你不是汪逆的特工？』法官裝作很懷疑的狀態。

『對！對！』趙丹以為這件事可以水落石出了。

『那麼當初你為甚麼招認？』法官問。

『屈打成招。』趙丹申訴著。

『胡說！』法官擊桌，『你應該說是一時糊塗！』

『是！是！』哪敢違抗。

『那麼你是甚麼份子？』法官問。

『………』他無從回答。

『你是共匪！』法官替趙丹回答。

趙丹（右）和陳凝秋在《上海二十四小時》中飾老趙和陳大

『………』一付啼笑皆非的面孔，罩上了他當時的臉上。」

（〈訪九死一生的趙丹〉，《影劇春秋》第六期1948年11月19日）

心頭滿是剛剛周歲的兒子和年輕無依的妻子，恨不得插翅飛越牢籠，可是趙丹在新疆被關押四年零三個月才得脫身。當他走出陰森的牢房重獲自由，何曾想到，這只是第一次牢獄之災。

更何曾想到，妻兒不再，物是人非。

這是1945年2月，家家戶戶正過春節。趙丹卻無家可回，茫然四顧，無處話淒涼。隻身回到重慶，四處打探葉露茜的情況，朋友們躲閃回避隱瞞真情。原來趙丹一行赴疆被關押的四人，其家屬兩年前被盛世才遣返，妻子們臨走都未能與丈夫見上一面，新疆的政治犯幾乎沒有獲准釋放的，妻子們懷疑他們四人都被處決，返回後陸續改嫁。趙丹終於得知，葉露茜帶著苗苗已遠嫁昆明桂倉淩（劇作家杜宣）。趙丹曾演出夏衍編寫的話劇《上海屋簷下》（又名《重逢》）中的男主人公，一個剛走出監獄的年輕革命者，卻發現妻兒已經和自己的好友一起生活，因為入獄後好友一直幫助照料她們——這一幕居然日後在趙丹的生活中重演！

趙丹到昆明見著葉露茜時，她有孕在身，劫後重逢百感交集，趙丹一心想挽回兩人夫妻關係，但葉露茜表示，已經破壞了一個家庭，不能再破壞一個家庭……

趙丹去昆明孤兒院領走了自己的兒子「苗苗」。

幸福是甜，遺憾是苦

　　抗戰勝利，趙丹從重慶返回上海，
內心悲苦無以派遣，有過一段放浪形骸
的短暫生活。在拍攝電影《幸福狂想
曲》時，幸福不期而至。「甜姐兒」黃
宗英讓趙丹重新品嚐了生活的甜味，兩
人從影片中的情人成為生活中的伴侶。
黃宗英熱烈的愛情喚醒了趙丹消沉的
心，他又神采奕奕了，尤其黃宗英對
趙丹子女趙青和趙茅的鍾愛深深感動
了他。

　　《烏鴉與麻雀》是趙丹、黃宗英
合演的一部經典之作。趙丹扮演「小
廣播」蕭老闆，黃宗英扮演小官僚的姘
婦。這部影片為了迎接解放而拍攝，揭
露國民黨倒臺前種種醜態的劇本，當然
通不過政府審查，創作組和昆侖影業公
司老闆商量好了，宣佈公司倒閉，關起
門來偷偷拍攝，拍到一半，果然上海解
放，再完成後一半拍攝。1956年評獎
時，《烏鴉與麻雀》本來只得二等獎，
周恩來總理指出，該片如實揭露了蔣

趙丹與周璇在影片《馬路天使》中

家王朝，這些同志又是在白色恐怖下拍的，為什麼不能給一等獎？難道只有延安來的同志才能得一等獎嗎？周恩來還正式向政治局打了報告，批評了文化部。《烏鴉與麻雀》經過一番曲折，終於獲得應得的榮譽。

同時期趙丹的另一部作品《武訓傳》，命運卻截然不同。武訓的傳說在民間流傳甚廣，他是清朝末年山東的一個農民，用一生行乞募捐所得辦了三所義學，供家鄉窮苦孩子念書上進。1950年12月，《武訓傳》拍攝完成並公映。次年5月，《人民日報》發表毛澤東親自撰寫的社論〈應當重視電影《武訓傳》的討論〉，隨之，一場疾風暴雨的《武訓傳》批判運動在全國展開。導演孫瑜和扮演武訓的趙丹都傻了眼，他們沒經歷過延安式的整風運動，對文藝界蓄勢待發的鬥爭狂瀾毫無準備，趙丹時常要當眾檢查，「我犯過一個錯誤，我演過武訓⋯⋯」之類的話常常掛在嘴邊。緊跟著，對於趙丹主演影片《我們夫婦之間》的批判也開始大肆叫囂，該片被指責為「代表小資產階級的創作傾向」、「醜化工農幹部」。

對此，趙丹曾經向自己信任的周恩來訴苦，他請周恩來給他發一張「免鬥牌」：「⋯⋯請棍子老爺們不要再鬥我！不要隨便對我們揪辮子、打棍子、戴帽子！」並稱自己是藝術家而非政治家，他請總理「關照他們別用政治家的標準來要求」他。「免鬥牌」的要求後來成為「文革」中趙丹的一大罪狀。

親友們常常勸告趙丹「管住自己的嘴巴」。他的耿直天真、心無城府完全體現在他和周恩來的交往上。趙丹曾經在一次全國電影討論會上和周恩來公開辯論起來，他面紅耳赤，不肯相讓，最後周恩來

只好說「你趙丹是一家之言，我周某人也是一家之言」，並稱趙丹完全可以不同意他的看法，這是趙丹作為藝術家的權利（趙丹《地獄之門》）。

但是「文革」中趙丹沒有逃脫吃官司的劫數，這次比在新疆時更甚，深陷囹圄達五年零三個月之久。在他出獄回到家之後，妻子黃宗英發現，每到半夜裏趙丹就會自說自話自問自答，開始她嚇壞了，後來趙丹告訴他，半夜裏自己醒著，說的不是夢話。原來，趙丹在獄中擔心自己失去說話能力無法再演戲，養成了這個習慣。幾天後趙丹被送到幹校勞改隊，接受農民「改造」……

一盤沒有下完的棋

和喜愛的角色的失之交臂，是趙丹心頭揮之不去的遺憾。

聽說文化部籌拍《魯迅傳》，預定1961年9月魯迅誕辰80周年時公映，1960年趙丹毛遂自薦提出要演魯迅，經文化部和上海電影局認可後，他興奮地隨創作組赴魯迅故鄉紹興體驗生活。30年代趙丹在上海見過魯迅，魯迅也看過他的演出，趙丹一直把他引以為親切的榜樣，他心裏打定主意，要將魯迅還原為「可愛的有鄉下人氣的天真長者」。等不及人物造型圖交稿，趙丹自己鑽進上影廠服裝倉庫，找魯迅穿的裏外衣褲鞋襪，穿著「魯迅的衣裳」回家了。從此，趙丹只用「金不換」毛筆寫字，抽煙都抽到根子，除了用小酒盅喝紹興黃酒外不再喝別的酒，他還把家裏變成了魯迅的書房，認真練起了魯迅喜愛的手藝——糊風箏。1961年，趙丹在《人民中國》雜誌發表文章〈藝

術家要用自己的語言說話〉，談到自己如何進入魯迅這個角色，其中的觀點曾被趙丹寫在他的筆記本上，在「文革」中作為「反動透頂的話」險些為趙丹招來殺身之禍：「無論如何不能抱著主席誇讚魯迅的幾個偉大去創造角色，那就糟了，必須忘掉那幾個偉大。」（趙丹《地獄之門》）沉迷在「魯迅生活」中的趙丹卻沒能達成心願，《魯迅傳》幾起幾落，最終未開拍。對於這件事情趙丹一直不能釋懷，甚至到去世前，他仍然跟人提起這件20年前的事情：

「像拍攝《魯迅》這樣的影片吧，我從1960年試鏡頭以來，胡髭留了又剃，剃了又留，歷時二十年了！『但聽樓梯響，不見人下來』！像咱們這樣大的國家，整整耗了二十年呀！三、五部不同風格、取材時代和角度不同的《魯迅》也該拍得出來……」

趙丹覺得，魯迅沒有演成，不僅僅是「一個演員的藝術生命」是否拖得起的問題，《魯迅》影片不能問世，將會影響到「新一代的魯迅式的文藝家的誕生」（原載《人民日報》1980年10月8日，轉引自趙丹《地獄之門》）。

「文革」結束後，趙丹甫一復出，就投入中斷了多年的銀幕事業：他要在銀幕上扮演周恩來總理。當時，他看到一部反映北伐戰爭、八一南昌起義的歷史劇本《八一風暴》，便一邊到江西南昌、九江、安源，武漢三鎮，廣東黃埔軍校各處體驗生活，一邊改編電影劇本。但是由於上級領導機關沒有批准，他自導、自演的願望沒有實現。不久，北京電影製片廠準備拍攝《大河奔流》，正式給趙丹發來邀請書，請他扮演片中的周恩來。興奮不已的趙丹住進招待所，每天看周恩來生前的紀錄片，讀有關的文獻資料，為了讓下巴顯得更像周

恩來，他甚至請牙科醫生在內腮充填材料……最後，趙丹拍出了驚人的「周總理復活」般的試妝照。幾個月後正式拍攝的時候，趙丹卻被撤換下來。

勃然大怒的趙丹和妻子黃宗英一起去找到當時的文化部的黃部長詢問箇中原因，但是沒有得到正面回答。回顧當時的一段對話，讓人感歎現實的戲劇效果遠勝於銀幕和舞臺。

黃宗英：部長你命令人把趙丹逮捕吧，讓他關進去吧！人不能這麼不明不白地活著。

部長：不就是一個戲嗎，不讓演就別演，以後再演嘛！

趙丹：我說你不就是一個部長嗎，別做了！以後再做吧！……

從此以後，在眾人面前，趙丹變得沉默寡言（趙丹《地獄之門》）。

1980年，中日合拍片《一盤沒有下完的棋》邀請趙丹擔任男主角，趙丹欣然接受，不料尚未開機，他被確診患有胰腺癌，9月，胡喬木來到醫院看望趙丹，兩人有一番長談，趙丹說的話後來被整理為〈管得太具體，文藝沒希望〉一文，於10月8日發表於《人民日報》，引起文藝界內外的關注。在文中，被周恩來稱其個性為「豪放不羈」的趙丹有很多問題要問：

「加強和改善黨對文藝的領導……就是黨如何堅定不移地貫徹『雙百』方針。至於對具體文藝創作，黨究竟要不要領導？黨到底怎麼領導？」趙丹直言，「黨領導國民經濟計劃的制定，黨領導農業政策、工業政策的貫徹執行；但是，黨大可不必領導怎麼種田、怎麼做板凳、怎麼裁褲子、怎麼炒菜，大可不必領導作家怎麼寫文章、演員

怎麼演習。文藝，是文藝家自己的事，如果黨管文藝管得太具體，文藝就沒有希望，就完蛋了。」

「哪個作家是黨叫他當作家，就當了作家的？魯迅、茅盾難道真是聽了黨的話才寫？黨叫寫啥才寫啥？那麼，馬克思又是誰叫他寫的？」趙丹對於文藝領域存在的「左」的作風顯然頗有情緒。

「電影問題，每有爭論，我都犯癮要發言。有時也想管住自己不說。對我，已經沒什麼可怕的了。」在生命最後的時刻，趙丹發問：「只覺得絮叨得夠了，究竟有多少作用？……」（原載《人民日報》1980年10月8日，轉引自趙丹《地獄之門》）

短文發表兩天以後，1980年10月10日，趙丹病逝。

文化界的悼念文章不斷。

「趙丹是第一個敢講真話的人，」巴金說。

「趙丹永遠是最年輕的，他是永恆的青春的象徵，」吳祖光說。

「阿丹要工作，真正的工作！他是一個演員！」陳荒煤說。

……

臨死前趙丹說：「我不願意老躺在病床上啊！我只希望在電影攝像機前面拍完最後一個鏡頭，然後含笑而死！」

妻子黃宗英筆錄的「阿丹」最後的話還有：

「人活著或是死了，都不要給別人增添憂愁。藝術家在任何時候要給人以美、以真、以幸福。」

談瑛

摩登女郎「黑眼圈」

她不是一線明星，攝影場美女如織，她不以麗質取勝，不能歌善舞，從影時間不長，留下的代表作不多。但她是一個非常獨特的女演員，在讓人眼花繚亂的明星堆裏，很容易將她與其他人區分開來。如果看她演的影片，她的笑，她的愁，她神秘性感的氣息，她獨一無二的黑眼圈，讓人過目不忘。如果翻開三十年代的電影雜誌，她鬧出的一樁樁轟動新聞，她前衛無所顧忌的行事，讓人驚愕不解。她就是「神秘女郎」——談瑛。

迷影成癖　出名趁早

　　談瑛是上海人，1915年出生，原名談素珍。在開木行的家庭裏長大，九歲才開始在毘與小學讀書，後至民立女中小學部畢業，初中畢業後，進入上海中學讀高中，唯讀一年就修學了。這一年談瑛十七歲。揮別校園生活，向著星光璀璨的前程闊步邁進。談瑛在小學就開始表演《麻雀與小孩》等劇，也常常參加歌舞比賽。與陳燕燕、葉秋心等人一樣，談瑛也是從一個愛跑電影院的影迷變成受影迷追捧的明星，她著迷的程度可不一般，算得上是影癡了。

　　「在求學時期校中每天功課完畢之後，一心又想去看電影；這樣，看片子每禮拜至少兩次，我是生就有些神經質的，感覺力似亦異常敏銳。每片看完以後，自己老是默默地想著與照樣做起麗琳甘許，嘉寶等人的種種表情，有時也是那麼來一下仰天悲鳴，真的就會簌簌地淚下如縷。第二天上學去後，每次更得在許多同學面前，連說帶做，有哭有笑地盡情演述昨天看過的片子。」（〈從影往事及觀感——

談瑛女士的談話〉上，冷芳筆錄，《申報》1939年8月4日）這段話活脫脫地描寫了一個有些癡勁的談瑛，如果她並未在電影路上闖出一番名堂，人們也許會說，瞧！她從小是個瘋丫頭，然而她果真當上了電影名星，人們，包括她自己，也許就會以一種藝術的高尚的眼光看待這段童年，找出預示成名的蛛絲馬跡。

談瑛從影，著名的滑稽影星韓蘭根是重要牽線人。有人說他倆曾經都住在南市，早就結識，也有人說他倆是親戚，或說是過房兄妹。韓蘭根曾與多位女星結拜過房兄妹，拍電影之前，談瑛由於活躍在戲劇舞臺和各演出場所，小有名氣，被韓蘭根拉去做小妹妹也情有可原。

17歲那年，談瑛去但杜宇的上海影戲公司，參觀正在拍攝的影片《玉堂春》，主演是阮玲玉。談瑛穿著一套青布童裝，蹦蹦跳跳嘻嘻哈哈，但杜宇看著她覺得很有趣，說這大孩子多好玩啊，又問她喜歡拍電影嗎。談瑛毫不羞澀扭捏，亮起嗓門回答說，我最喜歡的事便是拍電影。第二天，談瑛按約定到公司去拍照，她擺出各種姿勢和表情，平時看電影自己訓練的基本功統統用上了，但杜宇認為是個不錯的苗子。可是談瑛的母親反對女兒拍電影，老輩人對電影這個時髦玩意兒，總覺得不務正業，甚至認為是藏污納垢之所。但杜宇和演員太太殷明珠與談母多次交談，才漸漸做通了思想工作，談母答應女兒到但杜宇的公司拍片。

「失足恨」的真人秀

初上銀幕，談瑛就當上了女主角，還鬧了一場很大的風波，滿城皆知。談瑛的故事，一開始就比電影更曲折，困於風波中的女主角，也更吸引看客們。

1932年，但杜宇編導了無聲片《失足恨》，兼任攝影，此時他已經隨上海影戲公司併入聯華電影公司，該片由「聯華」出品。此片原名《賴婚》，後奉影檢會命，改為《失足恨》。這兩個片名大致就可以概括影片故事，漁家女企慕虛榮，為富家子弟引誘失身產子，終遭遺棄，備嚐艱辛，歷殤兒亡父之痛。談瑛出演這個青春美豔少不更事的失身女子。情節有點老套，但接下去的題外話卻是風生水起。

這部影片正是但杜宇受談瑛親身經歷的啟發而創作的。談瑛與建築師顧寶森有一段風流事，在社會上傳開。於是但杜宇利用這點號召，請談瑛主演《失足恨》，並且靈機一動，想出一招「翻舊帳」。談瑛出面控告顧某，乃至當庭指證其身上有某種標記，以作一夜風流之鐵證。一個女學生大膽地控告誘姦犯，公開坐在被告席，承擔受害者的角色，輿論譁然；顧某反過來又控告談瑛誣陷罪。兩者孰是孰非，一團亂麻。不過法院識破了這一宣傳計畫，未對顧某判罪，談瑛敗訴，但杜宇也遭到一番訓斥。

電影搖身變作一齣活劇，因這浮誇的遊戲，在哄鬧聲中，談瑛從影壇新人膨脹為街談巷議的焦點，一個大方提供娛樂與談資的話題女郎。

官司輸贏其實不打緊，關鍵的是，爆炸新聞直接促進了影片營銷。談瑛的官司被大張旗鼓地報導，《失足恨》公映時，影院老闆更

將談瑛冠以「失足恨女明星」，以推銷影片。

　　一位觀眾這樣描述電影的賣座情形：「公映的第一天下雨，但是生意依舊不弱，兩點多些就掛起了『上下客滿』的免戰牌。吾是三點缺五分到的，虧得隔夜預先買了座券，方免向隅。十九路軍陣亡將士追悼會的新聞片在觀眾的腦海間留下了一個悲壯熱烈的印象後，《失足恨》軟綿綿的在緊張之餘的鬆弛的情緒中映出了。」（愛德華〈觀《失足恨》後所欲言〉，載1932年8月《電影》第十五期）

　　平心而論，《失足恨》的製作水平一般，賣座無疑仰仗於談瑛的桃色官司，當事人難逃尷尬不堪的處境，而這一切對於影片卻是直接奏效的炒作。結果是，電影公司和電影院都大賺一票，談瑛賺了名氣，賺到一炮而紅的機會，同時，也讓觀眾對她的浪漫氣質、大方做派、甚至有點離經叛道的氣質，留下深刻印象。

1936年的談瑛

那麼觀眾看到的其實是怎樣一部影片呢？論劇本，文藝水準不過與消閒類舊小說「禮拜六派」相當。論演員，飾演闊公子的袁叢美，飾演漁家女舊情人的王春元，表現平平而已；兼任導演和攝影的但杜宇甚至被評為「拙劣」。但杜宇擅長繪畫，導演功力相對較弱，時人評為：如分幕評析，全片也許找得出幾張藝術照相，可置案頭玩賞，但是放在銀幕上則毫無價值，不符電影對於生活化和真實感的要求。另外，佈景粗糙也遭詬病，如海濱月景、汽車傾覆等幕，哪怕不大懂電影的觀眾，也看得出假而幼稚。

談瑛表現如何呢，大家可都是衝著她上電影院來的。初出茅廬，又是擔綱主演，觀眾的這段評價可謂中肯：「談瑛飾漁夫之女駱晚霞很天真，但是這是一個成人的少婦底天真，表情雖有生硬過火之處，但初登銀幕，有此成績，還算不惡，雖未能與劇中人物融化為一，但已做到導演所指揮的滿意的地步，在這張片子裏，她是盡了職務的。」（愛德華〈觀《失足恨》後所欲言〉）

第一次正式亮相，談瑛同時當了影片內外的女主角，親身演出、更展覽了「失足」的真人秀，她會怎麼想呢？她要是阮玲玉，一定吞下了整瓶安眠藥；她要是胡蝶，一定謹小慎微地堅決撇開干係。但她是談瑛──從小傾慕五彩斑斕的銀色生活，嚮往成為眾所聚焦的明星，在學校念書時就很活躍，交際廣泛，以浪漫著稱，較同齡人早熟。當她決意踏進這電影圈，想必心高氣傲，有所抱負，頭一部影片榮任主演，實是機遇難得。通常情況，「片紅」與「人紅」緊密相連，不弄點噱頭吸引人們到電影院掏錢，小丫頭談瑛如何為人所識？電影公司和影院促成的炒作，她應該是有心理準備的。寬容些看待的

話，拍電影是為什麼？除了為藝術，哪個演員不渴盼成名？或許可以說，當談瑛走進但杜宇的上海影戲公司，一切都箭在弦上了。至於和顧某鬧出所謂失足案，也從側面說明談瑛率性而為，不拘小節，在當時環境下，有著前衛的思想和主張。

摩登的談瑛出名了，堪稱影星成名史中最奇特的一頁。

「談瑛年」欲演還休

聯華影業公司五廠與談瑛簽訂了三年合同。談瑛在「聯華」主演蔡楚生編導的《粉紅色的夢》，觀眾們驚奇地叫嚷著，東方的神秘嘉寶出現了。接著她與眾多導演合作，出演了孫瑜編導的《火山情血》、鄭雲波導演的《出路》、吳村編導的《風》、馬徐維邦編導的《暴雨梨花》、楊小仲導演的《良宵》、朱石麟導演的《青春》、蔡楚生編導的《漁光曲》，另外為聯星公司客串侯魯史導演的《淚痕》，以及電通公司許幸之導演的《風雲兒女》，其中大部分影片談瑛都擔任主角。

她在《暴雨梨花》飾演的悲苦無望的盲女，在《良宵》中飾演的善良懦弱的寡婦，尤其受到讚賞。《良宵》主人公是受制於禮教禁錮的美貌的寡婦，與青年教員互生愛慕，死水之心泛起波瀾，她從壓抑自己到動念情奔，而最後反抗失敗，人物內心一波三折。「以不滿二十歲的姑娘扮裝她毫無生活體念之機會的寡婦（沒有鄉村生活也沒有寡婦的體念），只憑著聰明的想像，居然演得如此逼真，真可證明她有著充分的天才了」（凌鶴〈談瑛〉，載1937年7月《中華圖畫雜誌》）。

1936年的談瑛

人們對談瑛寄予厚望，身兼報人與明星公司編導的姚蘇鳳更預言：1935年將是「談瑛年」。1935年，影壇正逢多事之秋，然而，關於談瑛的預言並未兌現。1936年，被嘲笑預言「豁邊」的姚蘇鳳在《時代電影》雜誌上撰文：「事實上，談瑛年不談瑛年，連談瑛自己都不能負責，而難道姚蘇鳳倒可以替她負責？在一個觀眾的立場上，在一個朋友的立場上，我一方面感慨於中國電影大導演們之屈辱了有豐腴的才幹之談瑛，而又一方面又相信『我的朋友』談瑛在電影上的成就是決不會這樣地被抹煞。」（姚蘇鳳〈再說「談瑛年」〉，載1936年1月25日《時代電影》第二卷第四期）「談瑛年」未能成真，1935最紅的仍是明星公司的「電影皇后」胡蝶和「標準美人」徐來，以及聯華公司的陳燕燕、黎莉莉、王人美（阮玲玉於當年3月8日自殺）。即便如此，姚蘇鳳還是一再強調：「如果有一個適於她的個性的劇本而讓一個瞭解她的個性的導演來使她有一個新的努力的機會，

則一九三×將是談瑛年了吧？」（姚蘇鳳〈再說「談瑛年」〉）

「聯華」合同期滿後，1936年談瑛加入明星影片公司，兩年中主演了《小玲子》和《夜奔》。在拍攝於1936年的《小玲子》中，談瑛扮演的農村姑娘小玲子嚮往都市生活，與地主家的少爺結伴來到上海，少爺視之玩物，不久厭棄了她，小玲子淪為舞女，歷經生活磨難，終於返鄉，重新生活。由歐陽予倩編寫的劇本耐人尋味，對話出彩，導演程步高將之處理得畫面優美，剪輯緊湊。談瑛的表演很出色，對小玲子進城一段生活的把握尤為生動，另外，趙丹演始亂終棄的闊少爺，亦展現出純熟演技。1937年，《小玲子》在一年一度的國產影片評選中名列第一，這也成為談瑛的經典名作。

《小玲子》中的趙丹和談瑛
（「明星」1936年出品）

1937年「八一三」日軍進攻上海，明星公司毀於厲炮，無力恢復拍片，談瑛轉入「孤島」時期滬上最雄厚的電影公司「新華」。她與擅長恐怖片題材的編導馬徐維邦搭檔，主演的《古

屋行屍記》、《冷月詩魂》和《麻風女》三片較為賣座，另一部《夜半歌聲》的續集，不如金山、胡萍主演的前集成績理想。

昆明的風霜，故鄉的遙望

戰後影界蕭條，丈夫程步高到中央攝影場，從事攝製新聞片的工作，輾轉內地，與談瑛暫別。1941年6月10日，談瑛登上駛往香港的輪船，不僅離開上海，也作別奮鬥十年之久的電影圈。

《大眾電影》雜誌記者在談瑛出發前兩天上門拜訪話別，談瑛解釋了離滬原因。其一，因為長期在攝影場工作，水銀燈的強光對眼睛造成傷害，經醫治，眼疾時發時癒，醫生關照最好不要再過水銀燈下的生活。其二，上海電影界的環境和前景太讓人失望，一方面是日本勢力對租界的脅迫，電影受到嚴格審查，另一方面電影公司老闆們大多一味鑽在生意眼中，安於現狀。談瑛大歎苦經，以演員作為職業，勢必依賴電影公司過活，拒演則生計將難維持，出演則良心不安，這苦悶催促她乘早抽身。其三，程步高屢次勸過談瑛，希望她放棄電影生涯到南洋去養養身子。此時，程步高也已經改行經商。

抗戰勝利，程步高認識美軍航空隊的朋友，聯繫到搭機來滬的機會，談瑛帶著四歲的「小胖子」，於1945年10月30日離開昆明，程步高仍暫留昆明。《影劇世界》雜誌的記者去採訪回滬的談瑛：「她還是和以前一般的作風，兩顆黑眼睛外塗著黑眼圈，眼睫毛説話時蹺呀蹺，頭髮上縛一朵黑底紅花的蝴蝶結，當她招呼我坐下時伸出令人不會相信的那雙粗糙的手來，輕輕撫摸著兩頰，然後張開朱紅的口，吐

出那絲毫不變的上海口音說……」黑白影像的年代，這位記者的細膩筆觸為我們描繪出一個彩色質感的談瑛，以及顛沛生活為這位影星塗抹的風霜。

程步高和談瑛在昆明住了幾年，「小胖子」就在昆明出生，又叫「小昆明」。雖然住得依山傍水，風景惹人，但生活不免艱苦。戰時昆明物價極高，如遇空襲，白米、雞蛋更要漲三四成，昆明只有很少的富貴人家才雇得起姨娘，談瑛家也沒有傭人，洗衣、買菜、帶孩子，一切家務都要自己動手。還好，昆明還有電影看，還有「派對」可以跳舞，這是談瑛不變的愛好。

無人敢效的「黑眼圈」

1935年，在田漢、夏衍編劇的《風雲兒女》中，談瑛演一位富孀施夫人，愛好文藝，但很悲觀，只有愛情才能提起興趣，對於抗日救國不聞不問。施夫人愛上青年詩人辛白華（袁牧之飾）。「九一八」後從東北流亡到上海的辛白華，逃避鬥爭，與施夫人墮入情網，相偕出遊，在青島因受朋友影響和震動，毅然斬斷情思，結束享樂生活，奔赴抗日最前線。談瑛將貴婦人婀娜時髦的姿態，空虛無所寄託的心靈，對愛人毫不掩飾的熱意與深情，無不展示得細緻入微。她塗暈著誇張的黑眼圈，捲髮一邊捋在耳後，一邊遮住小半側臉頰，透出女人的成熟韻味，又有撲朔神秘的氣息。

「黑眼圈」是談瑛獨創妝容。她將眼睛周邊塗上重重的眼影，本來不大又細長的眼睛立時神采奕奕。她喜歡將眼角的眼影向上塗，

更顯靈動嫵媚。有位作者以解剖式的耐心描繪談瑛的表情：「燙了髮紋，時常增加她臉部的線條，她雖然畫了眉毛，但是我們不但看不出是畫反而更逼真……左右兩雙眼中間的鼻樑，雖不很高，有著這一條正中鼻卻適得其妙，這一個不高不遍的鼻樑正是打光時候的好對象……下頷的伸縮和頰下的骨肉卻非常適度，仰臉起來不至攝成肥胖的輪廓，頸和肩膀也不是平線，帶著東方味的半削肩，肩膀並界更會向上聳動接近捲髮，全臉的精神，會聚在眉毛的伸縮著，我們看見她發怒時候的圓眼，我們看見她媚笑時候的迷眼，而這圓眼和迷眼上邊像兩條船覆著的眉特別緊張。」（張大任〈表情的來源〉，載1934年6月5日《時代電影》第一卷第一期）

1939年的談瑛

自從「失足恨」風波之後，人們記住了談瑛的摩登派頭和大膽作風，而且，還一次次領教了這位不同尋常的女明星引發的種種敏感話題。

程步高與談瑛合作了一部代表作《小玲子》，從電影到生活，兩人的人生軌跡都交織一體；在明星公司，談瑛儼然成為程步高的專屬演員。在傳出桃色新聞後的很長時間，他們並沒有結婚，而是公開同居。當然，私生活是報章雜誌十分熱衷的報導題材，也是讀者們愛好打聽的新聞。在當時社會，正統輿論對同居還沒有什麼寬容度，1935年的《電影生活》雜誌回顧談瑛的出名過程，憤憤而道：「談瑛的無智識，也許在這時候，作了資本主義社會中的女性玩物化的犧牲者了。」在談到未婚的談瑛懷孕時，作者更是焦急：「一個沒結過婚的處女生了孩子呵？那麼這個孩子出世時算什麼人呢？天呵！這個孩子正是太可憐了。」（張伯輝〈閒談沒落了的談瑛〉，載1935年9月5日《電影生活》第三期）——可歎生下的孩子在三歲時夭折。圍繞著嘈雜甚至刺耳的議論聲，談瑛依然我行我素，置之不顧。

領潮流之先的類似事情還有，她在《影劇週刊》雜誌開設「神秘女郎信箱」，接受讀者來函，答覆有關電影知識及攝影場的疑問（1946年1月26日《影劇週刊》第四期起）。《中國影訊》雜誌曾刊登一篇〈談瑛暢談男女之私〉，署名「旁觀者」的作者寫道：「以談瑛對象，談談閒天是最有趣不過的。她爽快，大膽，敢言。舉凡女人所不願在大庭廣眾之前提到的事，談瑛看得極平淡。倘若想在這些地方使她受窘，她會反攻，結果是你自己面紅耳赤，啞口無言。」（旁觀者〈談瑛暢談男女之私〉，載1940年7月12日《中國影訊》第一卷第十七期）

別人問她：程步高會不會發生沾花惹草的行徑（其時程步高去內地尋求發展機會，談瑛則留在上海）？她答道：「我寫信給步高，跟他老老實實說的，要是你沒有女人，我情願為你守著，不但三年，就是八年十年也成。女人為男人守是應該，可是，萬一我知道你有了女人，那我也不客氣，我不能為一個拋棄我的人守活寡⋯⋯不過，我相信步高的。」（旁觀者〈談瑛暢談男女之私〉）說得多麼痛快，簡直是女權主義者的口鋒。

哪怕是稱美談瑛的人，對她的不合規矩也直言不諱。「對於談瑛，人們有著甚高的期望，但也對於她曾經有過的放肆的生活，常帶著輕鄙的笑　而不肯饒恕⋯⋯我以為她應當力求體會的豐富而同時約束自己浪漫的熱情，雖說這社會無休息的張著使人墮落的天網，可是只要她有鎮靜的自持和自愛的決心，絕不會自投羅網的；何況她已有了家庭，有了孩子，而愛情也有了歸宿。」（凌鶴〈談瑛〉）這位作者並以感性而犀利的筆觸勾勒出談瑛的氣質：「假如你對談瑛有著較真切的觀察，你會覺得她是纖細的神經質者，也有奔放的熱情，她有時會極端的快樂，但有時也會極端的悲哀，她有時會忍受的屈從，但也有時會堅決的反抗，她的動作是快速的，不是緩慢的，她的感覺是敏捷的，不是遲鈍的；——這便是談瑛的輪廓。」（凌鶴〈談瑛〉）

抗戰勝利，談瑛與銀幕漸行漸遠。1947年她在中電二廠主演由趙丹導演的《衣錦榮歸》後，再度息影。五十年代她去香港生活。七十年代，在香港邵氏公司出品的國語片《牛鬼蛇神》（李翰祥、程剛聯合編導）和粵語片《乾隆下江南》（李翰祥編導）中，細心的老影迷看到了談瑛客串的身影。

　　談瑛的晚年基本上消失在公眾視野，三十年代飛揚恣意的她，隨著時光流逝，淹沒在烈焰過後的灰燼中。2001年《新民晚報》中縫出現一小方訃告，「三十年代著名電影演員談瑛於2001年2月3日凌晨1時10分病逝上海，享年87歲。喪事從簡，特此哀告諸親友。子勞動哀告。」

跋

　　近年來，我們在從事中國早期電影明星的研究，閱讀了幾乎所有相關文字：歷史的，當今的；國內的，國外的。這些史料及我們原本積累的文獻，讓我們對中國影壇的前輩們有了近距離的接觸和更清晰的瞭解，同時也產生了寫作的衝動。這本書就是我們寫作計畫的一部分，雖僅限於演員，且人數也只有二十八位，但我們認為是很有代表性的。寫作任務主要由我的幾個年輕朋友承擔，他們在從事繁重工作的同時，利用業餘時間在較短的期限內完成了這部書稿，精神可嘉。具體的人物篇章分配如下：蝴蝶、阮玲玉、陳燕燕、白光、王丹鳳由解舒勻承擔，陳波兒、徐來、王瑩、袁美雲、上官雲珠和陳娟娟由嚴潔瓊承擔，陳玉梅、葉秋心、趙丹、黎莉莉和白楊由熊欣傑承擔，其餘十二位均由周淵承擔。全書由我策劃並負責審校，不妥之處，敬請指教。

張偉

2007年1月28日於杭州旅次

再版後記

這本書的寫作只用了六個月，文獻積累的時間卻超過十年。2007年8月，本書在大陸由上海辭書出版社出版後頗受到一些好評：一般市民認為其可讀性強，有時尚氣息，圖片既多又好看，可謂圖文並茂；來自學術圈子的反映則是具有較強的文獻價值，是一本可供參考且可資引用的書。甚至有學者打電話給我表示驚訝：「你們是怎麼找到那麼多的原始文獻的？」書出版以後，眾多專業或非專業的報刊紛紛轉載，連電視臺也邀請我去開講這些當年的明星。這些反映印證了我一貫堅持的信念，即你只要付出了自己獨特的努力，就總有一天能收穫別樣的果實。

海峽彼岸的蔡登山先生看了書後也表示認可，他認為臺灣的民眾也一定會喜歡這些電影明星。對此我深有同感，畢竟兩岸有著共同的文化背景，且無語言的障礙。這些電影人和我們距離並不遙遠，不少人是看著他們的電影長大的，今天兩岸銀幕上的那些影星們也或多或少受到過他們的影響。這本書有機會和臺灣同胞見面，我要向辛勤運作的蔡登山先生和本書的責編林世玲

女士表示感謝。順便要說明的是，這次出版恢復了大陸版刪去的部分文字和篇章，也算是一種增補本吧。

張偉
2008年6月6日滬上

世紀映像叢書

世紀映像叢書

世紀映像叢書

世紀映像叢書

國家圖書館出版品預行編目

昨夜星光燦爛：民國影壇的28位巨星 / 張偉編著.
--一版. --臺北市：秀威資訊科技, 2008.09
　冊；　公分.--(史地傳記；PC0056-PC0057)
BOD版
ISBN　978-986-221-078-9 (上冊：平裝).--
ISBN　978-986-221-079-6 (下冊：平裝)

1.演員　　2.人物志　　3.臺灣傳記

783.32　　　　　　　　　　　97017627

史地傳記　PC0056

昨夜星光燦爛(上)—民國影壇的28位巨星

編　　者 / 張　偉
主　　編 / 蔡登山
發 行 人 / 宋政坤
執行編輯 / 林世玲
圖文排版 / 陳湘陵
封面設計 / 蔣緒慧
數位轉譯 / 徐真玉、沈裕閔
圖書銷售 / 林怡君
法律顧問 / 毛國樑　律師
出版印製 / 秀威資訊科技股份有限公司
　　　　　　台北市內湖區瑞光路583巷25號1樓
　　　　　　電話：02-2657-9211　傳真：02-2657-9106
　　　　　　E-mail：service@showwe.com.tw
經 銷 商 / 紅螞蟻圖書有限公司
　　　　　　台北市內湖區舊宗路二段121巷28、32號4樓
　　　　　　電話：02-2795-3656　傳真：02-2795-4100
　　　　　　http://www.e-redant.com

2008 年 9 月　BOD 一版
2009 年 3 月　BOD 二版
定價：310 元

讀　者　回　函　卡

感謝您購買本書，為提升服務品質，煩請填寫以下問卷，收到您的寶貴意見後，我們會仔細收藏記錄並回贈紀念品，謝謝！

1. 您購買的書名：＿＿＿＿＿＿＿＿＿＿＿＿＿＿＿＿＿

2. 您從何得知本書的消息？

　　□網路書店　□部落格　□資料庫搜尋　□書訊　□電子報　□書店

　　□平面媒體　□ 朋友推薦　□網站推薦 □其他＿＿＿＿＿＿

3. 您對本書的評價：(請填代號　1.非常滿意 2.滿意 3.尚可 4.再改進)

　　封面設計＿＿　版面編排＿＿　內容＿＿　文/譯筆＿＿　價格＿＿

4. 讀完書後您覺得：

　　□很有收獲　□有收獲　□收獲不多　□沒收獲

5. 您會推薦本書給朋友嗎？

　　□會　□不會，為什麼？＿＿＿＿＿＿＿＿＿＿＿＿＿＿＿＿

6. 其他寶貴的意見：＿＿＿＿＿＿＿＿＿＿＿＿＿＿＿＿＿

＿＿＿＿＿＿＿＿＿＿＿＿＿＿＿＿＿＿＿＿＿＿＿＿＿＿

＿＿＿＿＿＿＿＿＿＿＿＿＿＿＿＿＿＿＿＿＿＿＿＿＿＿

＿＿＿＿＿＿＿＿＿＿＿＿＿＿＿＿＿＿＿＿＿＿＿＿＿＿

讀者基本資料

姓名：＿＿＿＿＿＿＿＿＿　年齡：＿＿＿　性別：□女 □男

聯絡電話：＿＿＿＿＿＿＿　E-mail：＿＿＿＿＿＿＿＿＿

地址：＿＿＿＿＿＿＿＿＿＿＿＿＿＿＿＿＿＿＿＿＿＿＿

學歷：□高中(含)以下　　□高中　　□專科學校　　□大學

　　　□研究所(含)以上 □其他＿＿＿＿＿＿＿＿

職業：□製造業 □金融業 □資訊業 □軍警 □傳播業 □自由業

　　　□服務業 □公務員 □教職　□學生 □其他＿＿＿＿＿＿

（請沿線對摺寄回,謝謝!）

秀威與 BOD

BOD（Books On Demand）是數位出版的大趨勢，秀威資訊率先運用 POD 數位印刷設備來生產書籍，並提供作者全程數位出版服務，致使書籍產銷零庫存，知識傳承不絕版，目前已開闢以下書系：

一、BOD　學術著作—專業論述的閱讀延伸
二、BOD　個人著作—分享生命的心路歷程
三、BOD　旅遊著作—個人深度旅遊文學創作
四、BOD　大陸學者—大陸專業學者學術出版
五、POD　獨家經銷—數位產製的代發行書籍

BOD 秀威網路書店：www.showwe.com.tw
政府出版品網路書店：www.govbooks.com.tw

永不絕版的故事・自己寫・永不休止的音符・自己唱